Inhaltsverzeichnis

ISBN 3-8166-3954-2

Mein liebstes Geschichtenbuch

Geschichten von
Mario Covi, Ursula Beckert
und Michael Markus
mit Illustrationen von
Hildrun Covi

Nacherzählt von
Karin Weber

Zusammengestellt von
Christiane Kuhn

BUCH UND ZEIT
BZ

Mit Polli, Pit und Pummel durch das Jahr

Es wird Zeit, daß der lange Winter zu Ende geht. Die Tage sind Pit, Polli und Pummel immer zu kurz, um all das zu unternehmen, was sie sich vorgenommen haben. Es wird schon am Nachmittag dunkel, und sie müssen ins Haus. Sehnsüchtig schauen sie zum Fenster hinaus.
Eines schönen Morgens im Monat März sehen Polli und Pit, daß es

über Nacht getaut hat. Nur hie und da liegt noch ein Fleckchen Schnee. Dieser Matsch ist aber auch nicht das Wahre, und so jammert Polli nun wieder: „Wie schade, so plötzlich ist der Winter vorbei!"
Doch Pit tröstet sie: „Dafür wird nun bald Frühling. Dann ist es wieder so warm, daß man den ganzen Tag draußen spielen kann. Und wir können auch kurze Hosen, Sandalen und luftige T-Shirts anziehen!"
Am allermeisten freut sich Pummel über den Frühling und findet ihn einfach toll. Er kann jetzt wieder in der Gegend herumstreunen und überall seine neugierige kalte Schnüffelnase hineinstecken. Vor allem riecht es überall nach Blumen. Aber die sind eigentlich nicht ganz sein Geschmack.
Davon abgesehen – im Frühling freuen sich alle Kinder auf Ostern. Da gibt es wieder viele bunte Ostereier und Naschsachen. Bei schönem Wetter werden die bemalten Eier und kleinen Geschenke im Freien versteckt. Die Kinder müssen dann die Nester suchen. Das macht einen Riesenspaß! Polli hat bereits ein Nest voller Überraschungen gefunden.
Pit sucht mit Pummel ganz aufgeregt im hohen Gras. Pummel hopst ab und zu mit allen vier Beinen hoch in die Luft, um mehr

zu sehen. Dabei fliegen seine Schlappohren. Lustig sieht das aus. Hat er etwas entdeckt? Plötzlich springt ein großer Hase auf – und hoppelt davon. „Da, guck mal!" ruft Pit. „Der Osterhase!"
Der Monat Mai ist angebrochen. Das ist die herrlichste Zeit im Frühling. Dann grünt und blüht es überall. Polli, Pit und Pummel haben eine wunderschöne Spielwiese entdeckt. Blumen blühen dort in den buntesten Farben. Schmetterlinge flattern durch die Luft, Käfer krabbeln, Bienen summen, Grillen zirpen, Frösche quaken und Vögel zwitschern. Bäume voller Blüten und Blätter spenden kühlen Schatten. Später im Jahr werden an diesen Obstbäumen die süßesten Kirschen und saftigsten Äpfel wachsen!

Leider erwischt man immer nur ein paar – die meisten hängen viel zu hoch.
Polli pflückt einen Blumenstrauß in allen Farben, den sie Mama schenken will. Pit ist völlig aus dem Häuschen, so glücklich ist er. Und Pummel weiß nicht so recht, ob er nach all den summenden und surrenden Flattergesellen schnappen soll oder nicht. Vielleicht schmecken sie ja gar nicht!
Es wird immer wärmer, und bald ist Sommeranfang. Wann immer es geht, spielen die Kinder draußen. Weil es so warm ist, nimmt Papa Polli, Pit und Pummel mit zum See. Dort dürfen die Kinder im

Uferschlamm Burgen bauen und im flachen Wasser baden. Pummel kann schon weit hinausschwimmen und holt Stöckchen, die Papa in den See wirft. Polli und Pit sind richtig neidisch auf Pummel, weil er so prima kraulen kann.
Papa sagt: „Hunde können bereits schwimmen, wenn sie noch ganz klein sind. Aber bald werdet auch ihr das Schwimmen lernen. Ich bringe es euch bei, einverstanden?“
Ja, das wäre nicht schlecht. Dann wäre das Baden auch nicht mehr so gefährlich, nicht wahr?
Polli freut sich, denn sie hat im Monat August Geburtstag. Meistens ist das Wetter gut, und sie kann draußen feiern. Der Garten ist mit bunten Girlanden, Fähnchen und Luftballons geschmückt. Viele Kinder werden eingeladen. Sie spielen Fangen, springen Seil, machen ein Versteckspiel und versuchen, im Sack zu hüpfen. Papa grillt leckere Würstchen. Mama schenkt Obstsäfte aus. Pit organisiert eine lustige Tombola. Bei all dem Trubel paßt keiner auf Pummel auf. Der schleicht nämlich mit der größten Wurst davon. Er hat sie heimlich stibitzt, der pfiffige kleine Kerl. Schließlich will er auch seinen Spaß am Sommerfest haben!
Der Herbst zieht ins Land. Polli, Pit und Pummel kommt es vor, als sei immer noch Sommer. Nur abends scheint die Sonne nicht mehr ganz so lange. Doch ab September färbt sich bereits das Laub der Bäume. Alle Blätter werden bunt. Die Zugvögel machen sich auf die lange Reise in den Süden. Jetzt

wird geerntet, was im Sommer gewachsen ist. Jetzt gibt es Obst in Hülle und Fülle. Aus den wogenden Weizenfeldern werden rauhe Stoppeläcker.
„Schau mal, da kommt ein Trekker!“ ruft Polli begeistert.
„Und der Trecker zieht einen Anhänger voller Kartoffeln“, sagt Pit. Da werden wohl bald wieder die Kartoffelfeuer angezündet!
Pummel schaut gelangweilt drein. Ein Anhänger voller Würstchen, ja, das könnte ihn auch begeistern! So macht er es sich in Pits kleinem Anhänger bequem.
Wenn es richtig Herbst ist und dann der November anbricht, wird

es wieder kühl. Das Wetter ist manchmal so regnerisch und stürmisch, daß Polli, Pit und Pummel schnell nach Hause eilen.
„Herbst, das ist ja wie Winter!“ klagt Pit.
Pummel ist ebenfalls der Ansicht, daß es jetzt wirklich keinen Spaß mehr macht, im Freien herumzutollen. Es ist naß, es ist kalt, und irgendwie sieht alles ein bißchen trostlos aus.
Ist der Winter dann aber wirklich da, ist die Freude riesengroß. Die Kinder laufen hinaus und spielen begeistert im weißen Schnee. Man kann einen Schneemann bauen, Schneebälle werfen oder Schlitten fahren. Auch Polli, Pit und Pummel flitzen auf einem Schlitten den steilen Hang hinab. Mal sitzen sie hintereinander, dann wieder fahren sie tollkühn auf dem Bauch und brüllen: Bahn frei!
Hui, ist das eine wilde Fahrt! Polli paßt auf, daß der Schlitten nicht umkippt. So gut es geht, lenkt sie den Schlitten geradeaus. Pummel fürchtet sich ein bißchen. Doch Pit drückt den kleinen, niedlichen Hund fest an sich und beschützt ihn.
Wenn es im Lauf des Winters immer kälter wird, dann friert das Wasser im Teich zu Eis. Erst wenn es dick genug ist, darf man darauf herumlaufen. Sonst könnte man einbrechen, das wäre schlimm. Dann aber tummeln sich die Kinder auf dem Eis. Sie rutschen und schlittern mit viel Geschrei oder gleiten auf Schlittschuhen über die spiegelglatte Fläche. Alle haben rote Backen, Nasen und Ohren, wenn sie gerade keine Mütze aufhaben.

Polli und Pit fallen ab und zu hin, denn Schlittschuhlaufen ist gar nicht so einfach. Pummel hat es mit seinen vier Beinen leichter: Wenn er hinfällt, dann rutscht er fröhlich kläffend auf dem Bauch weiter.
Die schönste Zeit gleich zu Beginn des Winters aber ist die Weihnachtszeit. Dann ist an vier Sonn-

tagen Advent, und an jedem wird eine weitere Kerze am Adventskranz angezündet. Mit der vierten ist auch die Ungeduld der Kinder am größten.
Alle Menschen freuen sich auf das Fest und bereiten Geschenke vor. Auch Polli, Pit und Pummel basteln kleine Überraschungen für die Eltern. Das heißt, Pummel bastelt nicht mit. Er schaut mit schiefem Blick genau zu, damit auch alles klappt.
Die drei unzertrennlichen Freunde feiern das Fest unter einem prächtig geschmückten Tannenbaum.

Die Weihnachtgeschenke werden ausgepackt. Polli und Pit strahlen vor Freude. Ein Feuerwehrauto! Und eine Puppenstube, vollständig eingerichtet mit kleinen Möbelchen!

Pummel tobt begeistert im raschelnden Haufen bunter Geschenkpapiere herum. Ist das herrlich! Ein schöneres Weihnachtsgeschenk hätte der kleine Hund gar nicht bekommen können!

Mit Polli, Pit und Pummel zum Arzt

Heute ist ein grauer Regentag. Weil draußen das Wetter so scheußlich ist, müssen Polli, Pit und Pummel in der Wohnung spielen. Im Zimmer wird es ihnen bald zu eng, und der Flur wird auch noch auf den Kopf gestellt. Polli hat Pit einen Lutscher weggenommen und rast mit ihrer Beute davon. Pit läuft schreiend hinter Polli her. Fast wird der Läufer im Flur zu einem fliegenden Teppich! Pummel glaubt, das sei ein neues, tol-

les Spiel. Mit hängender Zunge flitzt er den beiden nach.
„Seid doch nicht so wild!“ ruft Mama. „Pummel, sei brav!“ Aber weder Kinder noch Pummel hören darauf.
Und da passiert es: Pummel kriegt die Kurve nicht, rutscht mit dem Hinterteil weg und klemmt sich eine Pfote in der Tür ein. Jaulend hinkt er auf drei Beinen und macht ein mitleiderregendes Gesicht.
Mama sagt: „Das Pfötchen könnte gebrochen sein. Wir müssen mit Pummel zum Tierarzt!“
Vorsichtig, um ihm keine Schmerzen zuzufügen, wird der kleine

Hund ins Auto gebettet, dabei hält er ängstlich sein Beinchen hoch.
Das Wartezimmer beim Tierarzt ist voll. Pummel sitzt auf Pollis Schoß. Traurig schaut er sich um und sieht all die anderen kranken Tiere: eine Katze, einen Goldhamster, ein Meerschweinchen, einen bunten Papagei und sogar einen großen Bernhardiner. Normalerweise hätte er den tüchtig angekläfft, aber in seinem Zustand ist er ihm ziemlich egal.
Polli ist wütend auf Pit und sagt: „Alles nur wegen deinem Lutscher!"
Pit antwortet: „Du hättest ihn mir ja lassen können!"
Polli schimpft zurück: „Du sollst gar nicht immer Lutscher essen!"
Mama ermahnt die Kinder, sich nicht zu streiten.
Polli murrt: „Aber Lutscher sind doch so ungesund! Das weiß jeder, bloß Pit nicht!"
Da geht die Tür auf, und der Doktor ruft: „Der nächste, bitte!"
Der Tierarzt hebt Pummel auf einen Behandlungstisch und untersucht ihn sorgfältig. Vorsichtig tastet er die verletzte Pfote ab und spricht beruhigend auf den kleinen Hund ein.
Pummel hat schreckliche Angst. Doch er spürt auch, daß dieser freundliche Mann im weißen Kittel ihm nur helfen will.
„Wenn er jetzt noch einmal mein Pfötchen drückt, jaule ich ganz laut", denkt Pummel. „Vielleicht merkt er dann, wie weh das tut!"
Pummel heult so laut er kann und zittert noch ein bißchen mehr.

„Tja", sagt der Doktor, „das Beinchen ist gebrochen. Ich werde einen Gipsverband anlegen. Den muß er aber schön dranlassen, dann kann Pummel bald wieder mit Polli und Pit herumtoben."
Das fällt Pummel schwer, doch er ist ein gescheiter Hund und merkt, wie herrlich er mit dem Gips bemitleidet wird. Am nächsten Tag humpelt er schon recht flink umher. Nur Polli sitzt mürrisch am Frühstückstisch. Sie stochert in ihrem Müsli und mag nicht essen. Pit dagegen ißt mit Heißhunger seinen Teller leer.
„Nun iß doch endlich!" sagt Papa.
„Ich glaube, das Kind hat Fieber", sagt Mama und legt ihre Hand auf Pollis Stirn.
Polli jammert: „Mein Hals tut so weh! Ich kann gar nicht schlukken!"
Polli ist krank. Mama muß mit ihr zur Kinderärztin. Und weil Papa ja zur Arbeit geht, müssen alle mit – sogar Pummel.
Mama sagt zu Pit: „Bring Pummel schon mal ins Auto! Und während ich mit Polli bei der Ärztin bin, paßt du auf, daß Pummel nicht dauernd an seinem Gipsbein nagt!"
Bei der Kinderärztin muß sich Polli ausziehen. Es ist aber warm im Behandlungsraum. Die Frau Doktor horcht mit einem komischen Gerät an Pollis Brust.

„Ich weiß, was das ist", meint Polli, „das ist ein Mikroskop!"
„Stimmt beinahe", sagt die Ärztin lächelnd, „mit einem Mikroskop sieht man besser. Hiermit hört man besser, und es heißt Stethoskop." Das wär' was für Opa, denkt die kleine Patientin.
„Tief atmen!" bittet nun die Ärztin. Und Polli schnaubt kräftig wie ein Nilpferd. Dann muß Polli ein langes „Aaah!" sprechen, damit die Ärztin in ihren Hals schauen kann.
„Mandelentzündung", sagt die Kinderärztin schließlich. „Also jetzt mußt du ein paar Tage schön im Bett bleiben und artig die Medizin schlucken, die ich dir verschreibe. Dann hast du auch bald keine Halsschmerzen mehr. Nächste

Woche kommst du noch einmal wieder."

Polli, Pit und Pummel gehen mit Mama in die Apotheke. Dort bekommt man Medikamente gegen alle möglichen Krankheiten. Der Apotheker liest aufmerksam das Rezept und bringt die Medizin für Polli: Eine Flasche Saft. Er sieht Pummels Gipsbein und fragt: „Da ist scheinbar die ganze Familie krank?"

„Nein, ich nicht", sagt Pit und fragt ganz keck: „Bekomme ich einen Lutscher?"

Mama schimpft. Es ist ihr immer furchtbar peinlich, wenn Pit bettelt, wie sie es nennt. Pummel macht

sich da aber auch nichts draus – er bettelt sehr oft beim Essen.
Der Apotheker lacht und sagt: „Für euch habe ich etwas viel Gesünderes!“ Und er reicht Pit und Polli je ein Stück Traubenzucker. Aber Polli will nicht. Dann muß sie wohl ziemlich krank sein!
Seit drei Tagen liegt Polli im Bett. Sie hat zwar kein Fieber mehr, doch der Hals tut noch etwas weh. Deshalb hat ihr Mama einen Schal umgewickelt. Das einzig Gute ist: Polli darf ab und zu ein kleines Eis essen. Und Pit bekommt natürlich auch eins! Dafür nimmt Polli regelmäßig ihre Medizin ein. Pit langweilt sich. Er würde gerne mit Polli spielen.
Mama sagt aber: „Das geht nicht, du weißt doch, Polli ist krank!“ Auch mit Pummel kann er nicht viel anfangen. Der Hund liegt in seinem Korb und ist beleidigt, weil er nicht am Gipsbein nagen darf. Gerade jetzt, wo Pit ihn gern lange ausgeführt hätte, geht das leider nicht.
„Zu dumm, daß ausgerechnet Polli und Pummel krank sind“, denkt Pit. „Alleine zu spielen, hab' ich einfach keine Lust!“
Endlich ist Polli wieder gesund. Auch Pummel hat kein Gipsbein mehr. Polli, Pit und Pummel toben herum wie früher.
Abends will Pit seine Zähne nicht putzen. „Immer dieses blöde Zähneputzen!“ hören die anderen ihn maulen.
„Ja, mindestens zweimal am Tag!“ schallt es bis ins Bad.
Dann ärgert er Polli: „Ätsch! ich hab' ein Bonbon, deshalb putze

ich mir auch die Zähne nicht! Ätsch!"
Polli würde auch lieber ein Bonbon lutschen. Aber Papa hat so oft erklärt, daß Süßigkeiten schlecht für die Zähne sind.
So ist das meistens mit den wirklich leckeren Sachen! Polli ist zornig und spritzt Pit naß. Da ruft Papa: „Schluß mit dem Spektakel! Ins Bett mit euch!"
Die Wahrheit ist: Pit hat Zahnschmerzen. Er drückt eine Hand gegen die Backe und weint.
„Siehst du, das kommt von deinem ständigen Naschen!" sagt Polli

schadenfroh. Mama aber entscheidet: „Ihr geht alle beide zum Zahnarzt!“

„Aber ich hab’ doch gar keine Zahnschmerzen!“ beschwert sich Polli.

Mama antwortet: „Das kann sich sehr schnell ändern. Schau dir den armen Pit an! Zähne soll man regelmäßig untersuchen lassen. Nicht erst dann, wenn sie schon weh tun!“

Nun wimmert auch Polli. Pummel versteht das alles nicht. Seine Zähne sind gesund und kräftig. Damit kann er Knochen zerbeißen, Kinderspielzeug kaputtmachen oder Papas Pantoffeln durchnagen. Und er kann sogar damit lächeln! Nur putzen muß er sie nie!

Der Zahnarzt beruhigt die ängstlichen Kinder. Pit darf zunächst einmal zuschauen, wie er Pollis Zähne untersucht. Mutig setzt sie sich als erste in den Behandlungsstuhl.

„Alles in Ordnung“, lobt der Zahnarzt Polli.

Aufatmend stellt sie sich neben ihre Mama. Danach kommt Pit an die Reihe. Schnell hat der Doktor den schlechten Zahn entdeckt.

„So, mein Junge“, sagt er dann und klopft Pit freundlich auf die Schulter. „Nun hilf mir, den Übeltäter zu besiegen, und halte schön still, wenn ich das Loch in deinem kranken Zahn ausbohre“, sagt der Doktor.

Pit würde am liebsten losheulen vor Angst.

Polli soll das aber auf gar keinen Fall merken. Also sperrt Pit den Mund tapfer weit auf. Laut surrt der Bohrer.

Es tut nicht sehr weh. Pit hat das dumme Gefühl, daß er den Mund nie wieder richtig zumachen kann.

Endlich sagt der Zahnarzt: „Das Loch im Zahn ist sauber. Nun kommt die Füllung hinein – und schon sind wir fertig!“ Dann erinnert er die Kinder: „Nicht vergessen: morgens und abends die Zähne gut putzen!“

„Und keine Lutscher mehr!“ sagt Pit und ist froh, daß er kein Zahnweh mehr hat.

Mit Polli, Pit und Pummel im Straßenverkehr

Polli, Pit und Pummel fahren mit in die Stadt. Die Kinder sitzen hinten in ihren Kindersitzen. Mama erklärt einige Verkehrsregeln.

„Man muß sich im Auto anschnallen, und Kinder bis zu zwölf Jahren müssen immer hinten sitzen."
„Weil es auf dem Rücksitz sicherer ist, wenn es mal bumst!" sagt Pit. Papa erklärt: „Und alle Fahrzeuge müssen stets rechts fahren. Wißt ihr, wo rechts und links ist?" Pit muß überlegen, doch Polli hat es

gestern im Kindergarten gelernt. Mama fragt: „Worauf achtet ihr, wenn wir gleich aussteigen?"
„Pummel an die Leine nehmen und aufpassen!" antwortet Pit.
Polli sagt: „Immer dicht beim Auto bleiben, nur mit Mama oder Papa an der Hand vom Parkplatz weggehen."

Polli, Pit und Pummel stehen an einem Fußgängerüberweg. Die Kinder wissen, daß sie jetzt nicht über die Straße gehen dürfen. Doch Mama sagt besorgt: „Wartet, Kinder!"
Pit lacht: „Keine Angst, Mama! Wir wissen doch, daß man bei Rot nicht hinübergehen darf." Pit weiß

noch: „Solange das rote Männchen an der Ampel leuchtet, warten wir. Erst wenn grünes Licht leuchtet und das Männchen geht, dürfen auch wir gehen. Bei manchen Ampeln muß man erst auf einen Knopf drücken, damit Grün kommt."

Papa lobt die Kinder: „So ist es richtig! Bei Rot stehenbleiben, bei Grün über die Straße gehen."

Pit ermahnt Pummel: „Hörst du! Bei Rot stehen, bei Grün gehen!" Leider hat er kein Wort verstanden. Die Fußgängerampel zeigt noch Rot. Viele Leute warten. Da drängelt sich plötzlich ein Mann vor und rennt einfach bei Rot hinüber. „Das darf der doch gar nicht!" empören sich Polli und Pit. Ein Auto bremst scharf und hält nur knapp vor dem eiligen Herrn. Da kommt ein Verkehrspolizist.

Laut trillert seine Pfeife, und er ruft: „Sagen Sie, kennen Sie die einfachsten Verkehrsregeln nicht?"
„Ich habe es sehr eilig, Herr Wachtmeister", versichert der Mann.
„Eilig, um mit dem Unfallwagen ins Krankenhaus gebracht zu werden, was?" schimpft der Polizist und zeigt auf Polli, Pit und Pummel: „Sehen Sie die Kinder mit dem Hund? Die haben mehr Verstand als Sie, mein Herr. Die wissen genau, wie man sich als Fußgänger im Straßenverkehr zu benehmen hat."

Während die Ampel grün aufleuchtet und alle Wartenden die Straße überqueren, beobachten Polli, Pit und Pummel, wie der Polizist einen Strafzettel schreibt. Dann muß der Mann noch eine Geldstrafe zahlen.

Während Polli, Pit und Pummel durch die Stadt gehen, erklären die Eltern einige Verkehrszeichen. Mama zeigt auf ein rundes blaues Schild und fragt: „Bedeutet das etwa, daß hier nur Mütter mit ihren Kindern spazieren dürfen?"

Polli lacht und sagt: „Nein, hier dürfen halt keine Autos fahren, sondern nur Leute gehen. Auch Opas und Männer und Schornsteinfeger und Zirkusclowns und ..."

„Ist gut! Ist gut!" wehrt Mama lachend ab und fügt hinzu: „Das ist also ein Fußgängerweg."

Papa weist auf ein anderes blaues Schild. Es ist auch rund mit einem weißen Fahrrad. Die Kinder rufen sofort: „Das ist ein Fahrradweg!“ Weil die Kinder solchen Spaß daran haben, Verkehrszeichen zu lernen, sagt Papa: „Wißt ihr was? Wenn wir wieder zu Hause sind, dann zeichne ich Schilder auf Papier vor. Ihr malt sie dann an und...“ Pit unterbricht seinen Vater begeistert: „Und dann schneiden wir sie aus und stellen sie an Stöcken im Garten auf!“
Einige Tage später sagt Mama: „Kinder, paßt gut auf Pummel auf,

ich fahre rasch mit dem Fahrrad ein paar Kleinigkeiten besorgen."
Polli und Pit jammern: „Nimm uns doch mit, bitte!"
Mama überlegt. Dann hat sie eine Idee: „Also gut. Pummel bleibt zu Hause. Pit sitzt hinten auf dem Kindersitz, und Polli fährt auf ihrem eigenen Rädchen!"
Polli strahlt vor Stolz, und Pit ist ganz neidisch. Mama verspricht, daß demnächst auch Pit auf seinem Kinderfahrrad mitfahren darf. Da ist Pit wieder zufrieden.
Mama ermahnt Polli eindringlich: „Du weißt ja, Kinder sollen erst dann auf der Straße radfahren, wenn sie groß genug sind und alle Verkehrsregeln gelernt haben. Deshalb dürfen sie mit dem Rad auch auf Fußgängerwegen fahren." Und so machen sie es dann: Mama radelt auf der rechten Straßenseite mit Pit im Kindersitz. Polli strampelt auf dem Gehweg nebenan. Sie paßt auf Fußgänger auf und klingelt vor dem Überholen. Pit schaut sich alles genau an, damit er es bald so gut macht wie Polli.
Polli, Pit und Pummel sind wieder einmal in der Stadt. An einer verkehrsreichen Straße parkt neben dem Fußgängerweg ein Auto hinter dem anderen. Polli und Pit sehen vom Straßenverkehr nichts, weil die parkenden Fahrzeuge die Sicht versperren. Auch Pummel hört nur das Brausen des Verkehrs und riecht die stinkenden Autos. Mama ermahnt die Kinder: „Seht ihr, wie gefährlich es wäre, zwischen den parkenden Autos auf die Straße zu gehen? Ohne etwas sehen zu können, würdet ihr in die vorbeiflitzenden Fahrzeuge laufen!" Papa fügt hinzu: „Ihr dürft niemals allein über eine Straße gehen! Kinder können noch nicht abschätzen, wie schnell ein Auto herankommt. Bevor ihr zur Schule kommt, werden wir das Überqueren der Straße üben, einverstanden?"
Sie sehen vor sich auf dem Gehweg einige Kinder Ball spielen. Plötzlich springt der Ball zwischen zwei parkenden Autos durch und rollt auf die Straße. Hinter dem Ball kommt Willi angesaust. Er rennt einfach in den Straßenverkehr. Die

Auto- und Motorradfahrer bekommen einen fürchterlichen Schrekken! Sie sehen auch nicht, was hinter den parkenden Autos vor sich geht. Willi läuft genau vor ein Mofa. Das Mädchen auf dem Motorfahrrad bremst verzweifelt und versucht, dem dummen Jungen auszuweichen. Die Autofahrer bremsen zwar auch und bleiben mit quietschenden Reifen stehen. Doch das Mädchen kommt mit seinem schönen neuen Mofa ins Schleudern. Dabei wird Willi mitgerissen. Beide stürzen auf das harte Straßenpflaster. Man hört ein

Scheppern, einen Schrei – und dann ein schmerzvolles Weinen. Polli, Pit und Pummel sind starr vor Schreck. Eben noch warnen Mama und Papa davor, leichtsinnig auf die Straße zu laufen, und schon muß vor ihren Augen so was passieren! Schon bald kommt die Polizei und auch der Unfallwagen. Eine Krankenschwester und zwei Sanitäter versorgen die Verletzten. Zum Glück ist Willi nur in ein Mofa und nicht in ein Auto gelaufen. Dennoch hat er sich sehr weh getan. Die Knie werden verbunden, und er hat Schrammen im Gesicht und an den Armen. Das Mädchen ist schlimmer verletzt. Sie hat einen Arm gebrochen und muß ins Krankenhaus. Die Sanitäter legen sie auf eine Trage und schieben sie in den Unfallwagen. Die Krankenschwester sagt zu Willi: „Dich nehmen wir auch mit. Im Krankenhaus untersucht dich ein Arzt. Dort warten deine Eltern schon auf dich.“ Die Polizeibeamten befragen jetzt die Augenzeugen. Das sind Leute, die der Polizei sagen können, was sie mit eigenen Augen gesehen haben. Mama und Papa berichten den Verkehrspolizisten. Polli, Pit und Willis Spielkameraden bestätigen, was die Erwachsenen sagen. Die Kinder werden dieses Erlebnis bestimmt nicht vergessen. Polli, Pit und Pummel haben es besser als viele andere Kinder und Hunde: Sie wohnen an einer sogenannten Spielstraße. Fahrzeuge dürfen hier nur ganz langsam fahren. Die Straße ist für alle da, also auch für spielende Kinder. Polli macht mit ihren Freundinnen ein Hüpfspiel. Pit tobt mit Pummel

herum. Herr Bott, ein Nachbar, kommt mit seinem bunten Auto angefahren. Die Kinder mögen ihn, weil er so witzig ist und immer ganz vorsichtig fährt. Hinter Herrn Botts Auto biegt Herr Krüger mit seinem neuen Flitzer in die Spielstraße. Herr Krüger hat es immer eilig. Oft schimpft er, wenn Polli, Pit und ihre Freunde mit ihren Dreirädern oder Kettcars im Wege sind. Als nun Pummel mit einemmal über die Spielstraße saust, bremst Herr Bott sofort und bleibt mit seinem Auto stehen. Herr Krüger aber ist viel zu schnell gefahren. Mit lautem Krachen fährt er in das bunte Auto von Herrn Bott. Wütend steigt Herr Krüger aus und brüllt: „Sie Blödmann!“
Die Polizei klärt aber schnell, wer hier wirklich der Blödmann ist:
„Sie waren viel zu schnell, Herr Krüger! Seien Sie froh, daß es nur ein Blechschaden ist! Für Sie wird das teuer, da Sie an dem Unfall schuld sind!“ Dann fragt einer der Polizisten die Kinder, was sie über den Straßenverkehr wissen.
Pit erzählt stolz: „An einer Fußgängerampel darf man erst gehen, wenn das grüne Männchen leuchtet. Und ich kenne schon viele Verkehrszeichen: Stop-Schild, Vorsicht – Kinder, Einbahnstraße…“
„Fein“, lobt der Polizeibeamte und fragt: „Was ist noch viel wichtiger als Verkehrszeichen zu kennen?“
„Daß man nie auf die Straße geht!“ antworten Polli und Pit. Der Polizist sagt: „So ist es richtig. Sobald ihr in die Schule geht, machen wir auf dem Schulhof Verkehrsunterricht.“
„Toll!“ jubeln da Polli und Pit und sausen davon.

Mit Polli, Pit und Pummel zum Einkaufen

Es ist Samstag morgen. Polli, Pit und Pummel sind beim Bäcker. Sie dürfen ganz alleine die Brötchen fürs Frühstück einkaufen. Heute wollen alle ganz ausgiebig zusammen frühstücken.
„Was soll's denn sein?" fragt die Bäckersfrau freundlich. „Habt ihr keinen Einkaufszettel dabei?"
„Vier Brötchen und vier Brezeln und . . ., und . . ." Pit weiß nicht mehr,

was Mama den Kindern aufgetragen hat.
Polli gibt der Bäckersfrau einen Zettel und sagt: „Da hat unsere Mama alles aufgeschrieben."
Die Frau lacht, weil die Mutter dem Gedächtnis der Kinder anscheinend doch nicht so ganz traute, und liest vor: „Bitte vier Semmeln, vier Brezeln und..."
In diesem Augenblick fällt Pit wieder ein, was Mama gesagt hat, und er ruft: „... und zwei Salzstangen!"
Die Kinder bezahlen. Dann bringen Polli, Pit und Pummel eine große Tüte voll frisch gebackener Brötchen, Brezeln und Salzstangen nach Hause. Alle lassen es sich schmecken. Pit hat auch daran gedacht, seinem Papa die Zeitung aus dem Briefkasten mitzubringen.
Laut geht es auf dem Wochenmarkt zu. Unzählige Verkaufsstände sind dort aufgebaut und bunte Sonnenschirme aufgestellt. Es gibt auch ebenso bunte Blumen, Schmuckkränze und duftende Gewürze zu kaufen.
Marktfrauen preisen Obst und Gemüse an.
Ein Fischverkäufer brüllt: „Aale! Aale! Das Stück – zehn Mark!"
Mama kauft Kartoffeln, Gurken, ein Kilo Tomaten, ein halbes Kilo Trauben und einen Beutel Orangen. Alles wird auf Netze und Ta-

schen verteilt, Polli und Pit helfen tragen.
Für Pummel ist der Wochenmarkt besonders spannend. Überall gibt es etwas zu beschnüffeln. Ab und zu kann man eine Katze verscheuchen oder sogar etwas Freßbares aufschnappen.
Pit hört einen Bananenverkäufer rufen, der mit heiserer Stimme schreit:
„Leute, greift zu! Die besten Bananen der Welt! Direkt aus Südamerika! Und billig, sehr billig!" Dabei holt er prächtige Bananenbündel aus den Kartons.
Pit hat ein Zehnpfennigstück und fragt den Verkäufer: „Kann ich dafür eine Banane kaufen?"
Alle Leute lachen, denn für zehn Pfennige bekommt man bestimmt keine Banane.

Der Bananenmann lacht auch und sagt:
„Dafür bekommst du nicht eine Banane, auch keine zwei Bananen, sondern drei dicke Bananen aus Südamerika! Und die schenke ich dir, weil du so ein netter Kerl bist!"

„Was sagst du jetzt?" meint Pit schnippisch zu Polli, als er mit seinen Bananen ankommt.
Beim Metzger muß Pummel vor der Tür bleiben und wird angebunden. Aus dem Laden wehen so leckere Düfte, daß dem armen Hund vor Hunger der Magen

knurrt. Geduldig sieht er zu, wie Polli und Pit Fleisch und Wurst einkaufen.

„Darf es sonst noch etwas sein, Kinder?" fragt der Metzger.

„Etwas Aufschnitt und vier Bratwürstchen, bitte", sagen die Kinder.

Pummel beobachtet, wie Polli und Pit Wurstscheiben geschenkt bekommen. „So eine Gemeinheit!" denkt er traurig. Aber da kommen die beiden schon aus der Metzgerei gelaufen und rufen: „Pummel, schau mal, es gibt auch ein Stück Wurst für dich!"

Da strahlen die braunen Hundeaugen wieder, und das Schwänzchen fegt nur so hin und her.

Papa meint, daß Pummel unbedingt ein neues Halsband braucht. In der Zoohandlung kann man so etwas bekommen. Polli und Pit bewundern die vielen Tiere. Am liebsten würden sie sämtliche kleinen Hunde, Meerschweinchen, Katzen und Vögel kaufen.

Immer wieder jubelt Polli: „Schau mal, wie süüüß! Sind das niedliche Häschen!"

Pummel fühlt sich aber gar nicht wohl zwischen den kläffenden Hundebabys und zankenden Papageien. „Was soll ich denn hier?" denkt er. „Hoffentlich nehmen wir nicht so einen kreischenden Vogel mit nach Hause!"

Endlich kümmern sich die Kinder wieder um ihn. „Jetzt kaufen wir dir das schönste Halsband, das wir finden!" sagt Pit.

Der Verkäufer zeigt Papa und den Kindern eine ganze Reihe von Hundehalsbändern.

Pummel tut auf einmal ganz eingebildet, als sie ihm das neue an-

ziehen. Er weiß genau, wie schön er ist!

Heute fahren Polli, Pit und Pummel mit Mama und Papa in ein großes Einkaufszentrum. Polli und Pit staunen, was hier für ein Betrieb herrscht. Es wimmelt von Menschen, die alle irgend etwas kaufen wollen.

„Bleibt ja schön bei mir!“ ermahnt Mama die Kinder. Wie leicht können sie in dem Gewühl verlorengehen!

Die Rolltreppe bringt sie von Stockwerk zu Stockwerk. Man stellt sich einfach darauf – und fährt nach oben. Pummel muß getragen werden, damit er sich auf der Rolltreppe nicht weh tut. In dem Gedränge könnte auch jemand aus Versehen auf den kleinen Hund treten.

Pummel ist ebenso aufgeregt wie seine beiden Freunde, Polli und Pit. Vor lauter fremden Gerüchen ist sein Näschen ganz verwirrt. Schließlich sind sie im fünften Stockwerk. Hier befindet sich die Abteilung für Kinderkleidung. Polli und Pit sollen neue Jeans bekommen.

„Ich möchte aber lieber ein Kleidchen“, jammert Polli. „Und ich will lieber eine Jacke“, widersetzt sich nun auch Pit. Dabei trägt er am liebsten immer Jeans. Doch dann sind die Kinder vernünftig und probieren die neuen Hosen an.

Als Überraschung kauft Mama noch ein hübsches Kleidchen für Polli und eine schicke Jacke für Pit. Jetzt sind die Kinder glücklich. Bei all dem Hin und Her hat keiner auf Pummel aufgepaßt.

Nebenan, in der Teppichabteilung, hat er sich auf einen hohen Stapel kuscheliger Felle gelegt. Er denkt natürlich, daß die extra für ihn jemand da hingelegt hat.
In den Supermarkt dürfen Hunde nicht mit hinein. Deshalb nimmt Papa den Pummel mit, um sich ein paar Zeitschriften zu besorgen.

Polli schiebt den großen Einkaufswagen. Pit legt die Einkäufe in den Wagen: Butter, eine Packung Cornflakes, zwei Flaschen Milch, eine Tüte Mehl, drei Dosen Apfelmus und noch vieles mehr...
Dann möchte Pit den Wagen schieben. Polli sagt jedoch: „Ich schiebe – und du kaufst ein!“

„Nein, jetzt will ich auch mal schieben!“ protestiert Pit.
Die Kinder schubsen, ziehen, zerren. Plötzlich – ein Donnergepolter! Polli und Pit haben mit ihrem Einkaufswagen einen riesigen Turm aus Konservendosen umgeworfen! Mama ist sehr ärgerlich und schimpft: „Jetzt reicht es mir aber!“ Zum Glück helfen die umstehenden Kunden, die Dosen wieder aufzustellen. Es ist nichts kaputtgegangen.
Während Papa die schweren Einkaufstaschen zum Auto bringt, geht Mama mit Polli, Pit und Pummel in die Haushaltswarenabteilung.

Polli findet die Pfannen und Töpfe langweilig.
Ganz in der Nähe ist die Spielwarenabteilung. Dort geht Polli mit Pummel hin. In dem Augenblick sagt Pit: „Mama, ich muß aufs Klo!"
„Auch das noch!" stöhnt Mama und eilt mit Pit auf die Toilette.
Als Mama und Pit zurückkommen, hören sie eine Durchsage aus dem Lautsprecher: „Ein kleines Mädchen mit einem Hund sucht seine Mama…"
„Das sind bestimmt Polli und Pummel!" sagt Pit.
Eine nette Verkäuferin bringt die weinende Polli und den Hund Pummel.
„Das kommt davon, wenn man wegläuft!" sagt Mama und tröstet Polli.
Als Papa zurückkommt und die schniefende Polli sieht, sagt er: „Ich habe eine Idee… Wie wäre es mit einem leckeren Eis für jeden? Nach so einem anstrengenden Einkaufstag haben wir das als Belohnung verdient, was meint ihr?"
„Ja, genau das meinen wir auch!" sind Pit und Polli jetzt völlig einer Meinung. Pollis Kummer ist schnell vorbei.
Die Kinder jubeln: „Wir gehen Eis essen!"
Papa führt die ganze Familie in eine gemütliche Eisdiele. Dort kann man im Freien sitzen. Mama bekommt einen riesigen Eisbecher mit Früchten.
Papa bestellt für die Kinder und sich verschiedene Eissorten bei der freundlichen Kellnerin.
Polli nimmt Vanille- und Bananeneis.
Pit sagt: „Ich möchte bitte Schokoladeneis… und Zitroneneis… und Nußeis… und…"
„Damit du heimlich für Pummel etwas von deiner großen Portion auf den Boden fallen lassen kannst, du Schlingel!" lacht Mama.
Pummel weiß genau, was da oben vor sich geht und findet, daß so ein Einkaufstag mit Polli und Pit wirklich Spaß macht. Vor allem, wenn es hinterher Eis gibt. Denn bis jetzt hat er noch immer eine kleine Kostprobe bekommen!

Kater Moritz kommt auf die Welt

Kater Moritz kam an einem kalten und feuchten Frühjahrsmorgen auf die Welt.

Seine Katzenmami hatte sich in eine dunkle, aber warme Ecke in der alten Scheune verkrochen und wartete geduldig, bis alle Kätzchen geboren waren. Dann leckte sie behutsam ihre Kleinen ab und schubste sie vorsichtig an die Milchdrüsen, damit die Katzenbabys sich stärken konnten.

Die ersten Tage bemerkte Kater Moritz noch nicht viel von den Dingen, die um ihn vorgingen,

doch nach beinahe zwei Wochen konnte er zum ersten Mal mit seinen Augen seine nähere Umgebung erkunden. Auf wackeligen Beinen stakste er von seiner Mutter weg zu seinem ersten kleinen Ausflug.
Was gab es da alles in der Scheune zu entdecken! Ein alter Pflug stand da, der gespenstisch im gedämpften Licht vor ihm aufragte. Vorsichtig schlich er daran vorbei, um ihm nur ja nicht zu nahe zu kommen. Man konnte ja nie so recht wissen!
Eines Morgens kam unverhofft Besuch in die Scheune. Ein kleiner Junge und ein kleines Mädchen stöberten herum, als plötzlich das Mädchen rief: „Schau nur, Julian, unsere Katze hat ihre Jungen bekommen!“

Der kleine Junge kam heran und beugte sich über das Lager, das sich die Katzenmutti für ihre Jungen gebaut hatte.
„Sind die niedlich!“ rief der Junge begeistert und griff nach Kater Moritz. „Den taufen wir ‚Moritz‘, Stefanie. Was hältst du davon?“ wollte er von dem Mädchen wissen.
„Das ist gut! Er sieht richtig wie Moritz aus!“ fand auch das Mädchen.
So bekam Kater Moritz seinen Namen.
Behutsam setzte Julian den kleinen Kater wieder auf den Boden. Moritz hatte sich zwar auf dem Arm des Jungen wohl gefühlt, aber er war sich doch auf dem Boden sicherer. Schnell lief er zu seiner Mutter, kuschelte sich in deren Fell und schlief ein.

Früh am nächsten Morgen wachte Kater Moritz plötzlich durch einen furchtbaren Lärm auf. Er sauste vor Schreck aus seinem warmen Bettchen und wäre beinahe unter die großen Räder des Traktors vom Bauern Maier gekommen. Der Bauer war heute besonders früh aufgestanden, weil er schon bald auf seinem Feld sein wollte, um es mit dem Traktor zu bearbeiten.

Natürlich kümmerte er sich nicht um die jungen Katzen in seiner Scheune, denn davon konnte er nicht leben. Er mußte hinaus aufs Feld und sehen, daß die Ernte gut wurde.

Kater Moritz hatte einen solchen Schrecken von diesem gefährlichen Vorfall bekommen, daß er wie eine Rakete die Leiter zum Heuboden hinaufgesaust war. Jetzt saß er oben und konnte nicht mehr herunter. Da war guter Rat teuer.
Kater Moritz fiel nichts anderes ein, als laut um Hilfe zu rufen. Er miaute mit seinem kleinen Stimmchen, so gut er nur konnte, aber niemand hörte ihn. Immer wieder versuchte er, ein Bein auf die Leiter unter ihm zu setzen, doch sie war zu weit weg, und er getraute sich nicht zu springen. Was sollte er nur tun?
Plötzlich sah er, wie seine Mutter am Fuß der Leiter auftauchte. „Was machst du denn da oben?" maunzte sie.
„Ich komme nicht mehr hinunter!" miaute der kleine Kater zurück.

Geschickt kletterte die Katzenmutti die Leiter hinauf, packte vorsichtig mit ihrem Maul den kleinen Ausreißer und kletterte mit ihm zusammen wieder die Leiter hinunter. „Das nächstemal machst du aber nicht solche Ausflüge!" schimpfte die Katzenmutti und ließ Moritz ein klein wenig unsanft auf den Boden plumpsen. Ziemlich bedrückt schlich sich Moritz in eine Ecke und schlief nach diesem Abenteuer sofort ein.
Gegen Abend erwachte Kater Moritz wieder und hatte einen richtigen Katzenhunger. Gleich suchte er nach seiner Katzenmutti, fand sie in ihrer Ecke und saugte schmatzend die nahrhafte Milch. Nach dieser Anstrengung wollte er natürlich erst einmal ein Schläfchen machen. Plötzlich aber stand

ein riesenhaftes Tier vor ihm und leckte sich die Lippen. Was war das nur für ein Ungeheuer, dachte der kleine Kater und drückte sich fest an seine Mutter.
Die Katzenmutti fauchte böse und wollte das große Tier vertreiben, doch leider rührte es sich kaum vom Fleck. Ganz im Gegenteil: Es kam noch näher und wollte gerade an Moritz schnuppern, als die Katzenmutti mit ihrer Pfote zu einem kräftigen Schlag ausholte. „Wauuuuu! Waaauuu!" machte es, und der unheimliche Angreifer war in die Flucht geschlagen.
„Paß mir bloß vor diesem Kerl auf!" miaute die Katzenmutti zu Moritz. „Der Hofhund hat nichts im Sinn mit Katzen!" Das war nun doch zuviel für den kleinen Kater. Er fiel erschöpft in einen tiefen Schlaf.

Der nächste Morgen brachte warme Sonnenstrahlen, ein sättigendes Frühstück aus Katzenmamis Milchvorrat und ein Wiedersehen mit den Kindern.
„Guten Morgen, Moritz!" kam Julian in die Scheune gelaufen. „Wie geht es dir denn heute früh?" Julian nahm den kleinen Kater auf den Arm und kraulte ihn zärtlich hinter den Ohren. Das war genau das, was Moritz jetzt brauchte. Hoffentlich würde der Junge nicht so bald damit aufhören. Da kam auch Stefanie in die Scheune, um nach dem Katzennachwuchs zu sehen. „Unser Mohrchen hat dieses Mal aber wenig Kinder bekommen, nur drei Kätzchen!" meinte das Mädchen. „Aber alle drei sind ganz süß!"
Kater Moritz beobachtete, wie das Mädchen seine beiden Brüder streichelte. Wohlig drehten sich die kleinen Kater unter den zärtlichen Händchen des Mädchens. „Ob wir sie alle behalten dürfen?" fragte Julian. „Das letzte Mal haben wir die Jungen alle weggeben müssen."
„Das wäre aber sehr schade", meinte Stefanie. „Welchen würdest du denn behalten wollen, wenn du nur einen haben dürftest?"
Julian überlegte. Moritz bekam es mit der Angst zu tun, denn hier

ging es doch wohl um seine Zukunft. Unwillkürlich zitterte er, und Julian wußte sofort, welchen Kater er unbedingt behalten wollte. „Ich will Moritz behalten!“ rief er. Moritz schien ein gewaltiger Stein vom Herzchen zu fallen. Eng kuschelte er sich an den kleinen Jungen und genoß das Streicheln.

Der Tag, an dem Moritz von seinen Brüdern Abschied nehmen mußte, war für alle Beteiligten eine traurige Angelegenheit. Julian hatte Tränen in den Augen, Stefanie schniefte in ihr Taschentuch, die Katzenmami lief verstört auf dem Bauernhof umher, und Moritz fühlte sich vollkommen verlassen.

Der kleine Kater sauste eben über den Hof, als plötzlich der Hofhund vor ihm stand. Moritz suchte nach einem Versteck, aber der Weg in die Scheune war ihm abgeschnitten. Er kam an dem Hund nicht vorbei. Er machte einen Katzenbuckel und fauchte so laut er nur konnte. Der Hofhund kam immer näher.

„Laß Moritz in Ruhe!" erscholl eine Stimme von der Haustür, und Julian kam wie der Wind angefegt. Er packte den großen Hund an seinem Halsband und wollte ihn wegziehen. Aber der Hund war zu groß und Julian zu klein. Moritz schaute sich das Schauspiel nicht länger an, sondern flitzte mit großen

Sprüngen in die Scheune, versteckte sich unter dem Heu und war für den restlichen Tag nicht mehr zu sehen.

Gegen Abend hörte Moritz, wie sich etwas in die Scheune schlich. Angestrengt spitzte er seine Ohren. Da hörte er ein Schnuppern und ahnte, wer da herumspazierte: der Hofhund!

Moritz machte sich ganz klein und versuchte, sich unter dem Heu zu verstecken. Wo mochte nur seine Katzenmutti sein?

Der Hofhund kam immer näher an sein Versteck, als plötzlich Stefanies Stimme rief: „Jetzt bist du ja schon wieder hinter den Katzen her, Hasso! Ich habe dir doch schon vorhin gesagt, daß du endlich die Katzen in Ruhe lassen sollst!“

Der große Hofhund schaute Stefanie traurig an. Dann sah er Moritz unter dem Heu hervorlugen. Langsam kam er auf ihn zu. Moritz versuchte, noch weiter unters Heu zu kriechen, doch er war bereits an der Scheunenwand angekommen. Es gab kein Entrinnen. Die feuchte und kühle Nase von Hasso schimmerte drohend vor dem kleinen Kater, als plötzlich Hassos große rosafarbene Zunge quer über Moritz' Gesicht fuhr.

Anscheinend hatte Hasso alles andere als böse Absichten. Er

hatte den kleinen Moritz ins Herz geschlossen und wollte ihm das jetzt zeigen.

Moritz atmete erleichtert auf und kam ganz mutig etwas weiter unter dem Stroh hervor. Hasso konnte es nicht lassen, den ganzen kleinen Kerl der Länge nach abzulecken. Moritz hatte das sehr gerne, und Stefanie sah lachend zu. So etwas hatte sie auf dem Bauernhof wirklich noch nicht gesehen, eine Freundschaft zwischen Hund und Katze.

Erleichtert lief das Mädchen zurück ins Haus und erzählte ihrem Bruder von dem Ereignis. Die beiden neuen Freunde aber krochen ins warme Stroh und schliefen eng aneinandergekuschelt tief und fest bis zum nächsten Morgen.

Kater Moritz und Hasso

Moritz, der kleine Kater, kam vor einigen Wochen auf dem Bauernhof zur Welt. In der letzten Zeit ist er sehr gewachsen und kräftig geworden. Ab und zu versucht er schon, wie seine Mutter Mäuse zu fangen. Jetzt sitzt er gerade wieder vor einem Mauseloch und wartet. Doch nichts tut sich. Gelangweilt gähnt er, als er auf dem Hof lautes Rufen hört.

„Mutti, Mutti!“ ruft die kleine Stefanie, die Tochter der Bäuerin. „Ein Auto hat unser Mohrchen angefahren. Komm schnell!“

Die Bäuerin rennt aus dem Haus in Richtung Straße. Moritz, neugierig wie immer, läuft hinter ihr her. Da sieht er schon, was geschehen ist. Ein Autofahrer ist zu schnell am Bauernhof vorbeigefahren und hat die Katze zu spät gesehen. Auch eine Vollbremsung hat nichts mehr genützt. Mohrchen, die Mutter von Moritz, hat es erwischt.
Moritz kann es nicht glauben. Leblos liegt seine Mutter da. Gerade vorhin hat sie noch mit ihm Mäusefangen geübt.
Die Bäuerin hebt den leblosen Körper der Katze hoch und trägt ihn in den Garten. „Wir werden Mohrchen hier begraben", sagt sie und schneuzt in ihr Taschentuch. Stefanie kann die Tränen auch nicht zurückhalten. Sie läuft zu Moritz, nimmt ihn auf den Arm und drückt ihn fest an sich.
Der kleine Kater merkt genau, daß etwas sehr Schlimmes geschehen ist. Wie soll es denn nun ohne seine Katzenmutti weitergehen?
Da fragt auch schon das Mädchen: „Was machen wir denn jetzt nur mit Moritz, Mami?"
„Wir werden ihn mit der Flasche großziehen", antwortet die Mutter. Betrübt gehen Stefanie, mit Moritz auf dem Arm, und ihre Mutter zurück ins Haus. Das war wohl einer der schlimmsten Tage für Moritz, den kleinen Kater.

Am nächsten Tag lacht die Sonne vom Himmel, und nichts erinnert mehr daran, was gestern geschah. Kater Moritz läuft zwar zunächst über den ganzen Bauernhof und sucht seine Mutter, doch nach einer Weile wird er durch etwas anderes abgelenkt. Julian kommt angelaufen und hat etwas Kleines, Rundes, Rotes in der Hand.
„Komm, Moritz, wir spielen Ball!" ruft Julian und kullert den Ball quer über den Hof.
Das ist genau das Richtige für Kater Moritz. Begeistert rennt er hinter dem Ball her und stürzt sich mit einem großen Sprung darauf. Doch er hat sich verschätzt. Der Ball springt über einen kleinen Stein und damit dem Angriff von Moritz aus dem Weg. Moritz hat aber so viel Schwung, daß er nicht

mehr bremsen kann und gegen einen Heuballen prallt.
„Miauuuu!" macht er, denn das Stroh pikst ihn, und zudem hat er sich ganz schön erschreckt.
Jetzt lacht auch noch Julian aus vollem Hals und kugelt sich auf der Erde. Da ist Moritz natürlich beleidigt. Er leckt seine Nase ab und marschiert flugs in Richtung Scheune.
„Jetzt sei doch nicht gleich beleidigt, Moritz!" ruft Julian hinter ihm her. „Komm, wir spielen weiter!"
Kater Moritz schaut zu dem kleinen Jungen zurück, und Julian hat

das Gefühl, daß auch der kleine Kater lachen muß.
„Du mußt noch viel lernen, Moritz“, sagt der Junge, nimmt den Kater hoch und streichelt ihn zärtlich. Das ist natürlich das Schönste für Moritz, und er schnurrt begeistert. Nach einer Weile setzt der Junge seinen kleinen Freund wieder auf den Boden und spielt mit ihm weiter Ball. Nach kurzer Zeit kann der Kater schon sehr gut einschätzen, wie der Ball springt, und fängt ihn sehr geschickt auf. Bald sind Kater und Junge müde und gehen ins Haus. „Man muß ja nicht alles auf einmal lernen“, meint Julian und legt Moritz in ein weiches Körbchen, das seit heute in der Küche steht.
Der kleine Kater schläft bald ein und träumt von wild springenden Bällen. Dabei strampelt er in seinem Katzenkorb herum, daß Stefanie, Julian und die Mutter laut lachen müssen.
Als Moritz am nächsten Morgen seine Augen aufmacht, bekommt er einen riesigen Schreck. Riesengroß steht vor ihm der Hofhund und schnuppert neugierig am Körbchen. Moritz macht sich ganz klein, denn so recht traut er dem Hund doch noch nicht. Doch Hasso, der Hofhund, läßt sich in seinem Schnuppern nicht stören. Moritz steht vorsichtig auf und verläßt auf spitzen Pfoten seinen Korb. Darauf hat Hasso nur gewartet.
Der große Hund steigt in den Katzenkorb und läßt sich darin nieder. Zwar hängen Schwanz und Beine und der Kopf aus dem Korb heraus, doch das scheint Hasso nicht weiter zu stören. Er fühlt sich sichtlich wohl.

Moritz schaut sich das eine Weile von weitem an und wagt dann einen Schritt. Am Bauch des Hundes ist ein kleines Fleckchen frei. Dort kuschelt sich Kater Moritz hin. Als wenig später Julian in die Küche kommt, mag er seinen Augen nicht trauen. Traut vereint liegen Hund und Kater gemeinsam eng aneinandergekuschelt im Korb und schlafen. Von diesem Tag an sind Kater Moritz und Hasso, der Hofhund, die besten Freunde.

Am nächsten Morgen klettern die beiden Freunde aus ihrem gemeinsamen Schlafplatz. Hasso ist durch die unbequeme Lage etwas steif geworden. Er reckt und streckt sich. Er gähnt mit weit aufgerissenem Maul.

In diesem Moment kommt Stefanie in die Küche und meint, Hasso wolle den kleinen Kater fressen. „Hilfe!“ schreit sie. „Hasso will den Moritz fressen!“

Hasso vergißt vor Schreck das Gähnen, und Moritz saust unter den Küchentisch.

Stefanies Mutter kommt in die Küche und hat einen Besen in der Hand. „Wo ist Hasso?“ ruft sie. Der Hund schaut sie verwundert an. „Was hast du mit Moritz gemacht?“ Hasso weiß nicht, worum es geht, und leckt sich mit der Zunge über die Schnauze. Stefanies Mutter befürchtet das Schlimmste. Gerade will sie Hasso ausschimpfen, als Moritz vergnügt unter dem Tisch hervorlugt.

Stolz marschieren Hund und Kater an Stefanie und ihrer Mutter vorbei und lassen zwei völlig ratlose Menschen hinter sich. Nur Stefanie prustet plötzlich los und

lacht laut, als sie erkennt, daß sie etwas völlig Falsches gedacht hat. Kaum haben die beiden Freunde den Hof erreicht, schießt Hasso laut bellend auf etwas Rötliches, Vierbeiniges zu, das in Richtung Hühnerstall läuft.
Kater Moritz läuft neugierig hinterher. Er sieht mit Erstaunen, wie Hasso ein Tier verfolgt, das ähnlich wie ein Hund aussieht, nur etwas niedriger und mit einem dichten, roten Fell.
„Warte, Freundchen, wenn ich dich erwische!“ bellt Hasso laut und rennt weiter hinter dem fliehenden Tier her. „Du wirst nicht noch einmal Hühner stehlen wollen, Fuchs!

Mach bloß, daß du verschwindest!" schimpft Hasso weiter.
„Ein Fuchs ist das also", denkt Kater Moritz und schaut sich die Verfolgungsjagd von seinem Aussichtsplatz, dem Hackklotz, an. Der Fuchs ist schneller als Hasso und schlüpft durch ein Loch im Zaun davon. Hasso läßt sich vor Moritz auf den Boden plumpsen und muß tief Luft holen.
Nach so einer Hetzjagd hat man sich eine Ruhepause verdient. Und so machen Kater Moritz und Hasso, der Hofhund, erst einmal ein kleines Nickerchen, oder bes-

ser gesagt, sie wollen eines machen. Denn kaum sind beiden die Augen zugefallen, da kommt ein Auto auf den Hof gefahren.
Hasso ist sofort wieder hellwach und läuft bellend zu dem fremden Gefährt. Die hinteren Türen des Autos fliegen auf, und heraus springen zwei Kinder, ein Mädchen und ein Junge.
„Paßt mit dem Hund auf!" ruft der Fahrer des Wagens, der eine vornehme dunkle Uniform anhat. „Ich möchte nicht, daß ich euren Eltern gleich am ersten Tag erzählen muß, daß ihr vom Hund gebissen worden seid!"
„Der ist doch nicht böse", meint der Junge und geht mutig zu Hasso hin. Der Hofhund kann wohl Freund und Feind unterscheiden und läßt sich sehr gerne streicheln. Da kommen auch schon Julian und Stefanie aus dem Haus gerannt, um die Gäste zu begrüßen.
„Ich heiße Stefanie, und das ist mein Bruder Julian", sagt Stefanie.
„Und ich heiße Julia, und das ist mein Bruder Stefan", lacht das Mädchen aus dem Auto.
„Das ist Moritz!" stellt Stefanie Julia den kleinen Kater vor.
„Ist der süß!" meint Julia und will ihn gleich auf den Arm nehmen.
„Es ist unser Kater!" stellt Julian hier klar und nimmt Julia den Kater weg.

„Aber ich wollte ihn doch nur einmal auf den Arm nehmen und streicheln", meint das Mädchen betroffen und auch ein bißchen eingeschnappt. „Ich will euch doch nicht euren Kater wegnehmen!"
Kater Moritz wird bei dieser Diskussion hin- und hergezerrt, bis er mit einem deutlichen „Miauuuu!" auf seine unbequeme Behandlung aufmerksam macht.
„Jetzt habt ihr ihm weh getan", mischt sich Stefan ein, nimmt den Kater Julian vom Arm und setzt ihn auf den Boden.
„Gute Idee!" denkt Kater Moritz und sieht dankbar zu Stefan hoch. Flink wie der Wind läuft Moritz in die Scheune und versteckt sich erst einmal im Stroh. „Sollen die sich erst einmal einig werden", denkt er und schläft ein.

Kater Moritz zieht in die Stadt

Auf dem Bauernhof von Kater Moritz kamen zwei Feriengäste an: Julia und Stefan. Die Kinder

lachten mit Stefanie und Julian über ihre ähnlichen Namen, und Julia wollte Kater Moritz streicheln. „Das ist unser Kater!" rief Julian. Kater Moritz versteckte sich schnell in der Scheune. Da sitzt er auch jetzt noch.

„Moritz! Moooritz!" kommt Stefanie laut rufend in die Scheune. Doch eben ruft auch die Mutter: „Kommt rein, Kinder! Es gibt Obstkuchen und heiße Schokolade."

Alle laufen in die gute Stube. „Mmmh, das schmeckt!" meint Stefan. „Viel besser als der fertig gekaufte in der Stadt."

„Ich möchte später gerne in der Stadt wohnen", sagt da Stefanie. „Wenn du das nötige Geld dafür hast", meint Stefan. „Ich würde doch lieber auf dem Land leben." Julian springt plötzlich auf. „Jetzt gehen wir Moritz suchen!"

Bald hat Julia den kleinen Ausreißer unterm Stroh entdeckt. „Komm doch vor!" lockt sie ihn. „Wir wollen mit dir spielen." Auf flinken Pfoten saust er aus der Scheune und sucht seinen Ball.

Am Abend fragt Julia, ob sie Kater Moritz mit ins Bett nehmen darf. Stefanies Mutter meint: „Moritz schläft immer bei Hasso in der Hundehütte. Ihr wollt doch nicht, daß Hasso seinen Freund vermißt?" Das wollen die Kinder natürlich nicht und kuscheln in die Betten.

Am nächsten Morgen ist Kater Moritz schon wieder verschwunden.

Nach dem Frühstück suchen die Kinder den Ausreißer, doch nirgends ist eine Spur zu finden. „Vielleicht ist er ins Dorf gelaufen“, sagt Julia.
Da machen sich die Kinder auf den Weg ins Dorf. Plötzlich bleibt Julia stehen und deutet auf einen Felsblock am Straßenrand.

„Da ist er!“ ruft sie und läuft ohne nach rechts oder links zu schauen quer über die Straße. Bremsen kreischen, Reifen quietschen, und dann scheppert es fürchterlich. Ein Auto ist an dem Felsblock, auf dem eben noch Moritz saß, zum Stehen gekommen. Knapp an Julia vorbei ist das Auto geschleudert.

Julia ist mit dem Schrecken davongekommen. Nicht so der Autofahrer. Er war nicht angeschnallt und ist mit dem Kopf an die Frontscheibe gestoßen.
„Ich hole Hilfe!“ ruft Julian. Der Fahrer stöhnt: „Au, mein Kopf!“
„Gleich kommt Hilfe“, sagt Stefan. „Wo ist Ihr Warndreieck?“ fragt er den Fahrer. „Im Kofferraum“, antwortet der.
Stefan weiß aus dem Fernsehen, daß man immer zuerst die Unfallstelle sichern muß, und stellt das Warndreieck in großem Abstand auf die Straße. Nach einigen Minuten kommt schon der Krankenwagen, danach trifft die Polizei ein.

„Können Sie eine Aussage zum Unfallhergang machen?" fragt der Polizist den Fahrer des Wagens, der zwar Kopfschmerzen hat, aber zum Glück sonst unverletzt ist. Er erzählt, wie sich der Unfall aus seiner Sicht abgespielt hat.
„So, kleine Dame", sagt dann der Polizist zu Julia, die natürlich furchtbar aufgeregt ist. „Jetzt erzählst du mir einmal alles."
Julia erzählt, wie sie plötzlich Kater Moritz entdeckt hatte und über die Straße gelaufen war, wie das Auto sie beinahe überfahren hatte und dann zum Stehen kam.
„Das hätte wesentlich schlimmer ausgehen können, Julia!" sagt der Polizist eindringlich. „Ich hoffe, das ist eine Lehre für dich, zukünftig besser aufzupassen."
Zu dem Fahrer des Unglücksautos sagt er: „Für Sie sollte es auch eine Lehre sein, mein Herr! Sie waren nicht angeschnallt und sind viel zu schnell gefahren. Sie wissen genau, daß man in der Nähe von Kindern immer bremsbereit sein muß. Sie werden zu dem Schaden sicher noch eine Geldbuße erhalten."
Den Kindern tut es leid, daß der junge Mann durch die Unachtsamkeit von Julia solche Schwierigkeiten hat. Stefan macht einen Vorschlag: „Herr Polizist, muß die Strafe für den Autofahrer sein? Eigentlich ist doch Moritz an allem schuld."
Der Polizist lacht. „Ganz so einfach ist das nicht, junger Mann! Aber wir sehen mal, was wir machen können. Und fangt euren Kater, bevor noch mehr passiert!"
Bedrückt gehen die Kinder zurück zum Bauernhof. Wer biegt da nicht

um die Hausecke? – Kater Moritz! Später schlägt Julian vor: „Kommt, wir zeigen euch unseren Teich!" Die Kinder laufen an den nahegelegenen Teich zum Steg.
„Paß auf! Nicht auf den St...!" ruft Julian gerade noch, doch schon plumpst Stefan ins Wasser. Stefanie, Julia und Julian lachen, als Stefan an Land watet. „Hättest du das nicht früher sagen können?" schimpft er Julian aus.
„Du warst nur zu schnell", verteidigt sich Julian.
Drei lachende und ein grimmig dreinschauendes Kind laufen zurück zum Hof, wo Stefan sich umzieht.

Das war kein Glückstag für die Kinder und auch nicht für Moritz.
Die Ferien vergehen wie im Flug. Die Kinder haben sich miteinander angefreundet, und Kater Moritz liebt es besonders, wenn Julia ihn streichelt. Julian sieht das allerdings nicht so gerne.
Am letzten Ferientag faßt sich Julia ein Herz und fragt Julian: „Könnten wir nicht Kater Moritz zu uns in die Stadt nehmen? Er hätte es sehr gut bei uns. Wir haben einen großen Garten und ...“
„Nein!“ ruft Julian.
„Stefanie! Komm bitte mal her!“
Die Kinder laufen zu ihrer Mutter.
„Hört zu!“ sagt sie. „Ich finde es eine gute Idee, wenn Kater Moritz mit Julia und Stefan in die Stadt geht. Ihr wißt doch, daß die Katze vom Nachbarn Junge bekommt. Er ist froh, wenn wir eines nehmen.“
„Aber das ist nicht Kater Moritz“, mault Julian.
Schließlich einigen sich die Kinder darauf, daß Moritz „leihweise“ mit den Freunden in die Stadt darf. Der Abschied fällt allen schwer, und als der Wagen der Stadtkinder den Hof verläßt, hat auch die Bäuerin eine kleine Träne im Auge.
„Im nächsten Jahr kommt ihr wieder zu uns!“ ruft sie dem Wagen nach.
„Hier bist du jetzt zu Hause“, sagt Julia und trägt Kater Moritz durchs ganze Haus und den Garten. „Ihr wißt hoffentlich, daß ihr euch um das Tier kümmern müßt!“ ermahnt der Vater die Kinder.
„Das tun wir!“ versichert Stefan und wirft dem Kater einen Ball zu. Geschickt fängt Moritz den Ball und schleudert ihn mit seiner Pfote wieder fort. Nach einer Weile läuft Moritz zu der hohen Mauer an der Grundstücksgrenze.

„Moritz, bleib hier!“ ruft Julia ihm nach, doch der neugierige Kater will unbedingt sehen, was hinter der Mauer ist. Im Nu ist er durch einen kleinen Durchbruch entwischt und erschrickt fürchterlich. Lauter Verkehrslärm umbraust ihn, der im Garten der Kinder nicht zu hören war. Fußgänger eilen vorbei. Um ihn herum ist ein Gewimmel von Beinen.

Ein Fußgänger stolpert fast über ihn, schimpft: „Blöde Katze!“ und versetzt Kater Moritz einen Tritt. „Hören Sie auf, Sie Tierquäler!“ ruft eine junge Frau.
„Moritz, da bist du ja!“ hört der Kater da neben sich eine bekannte Stimme. Stefan hat ihn gefunden. Er bringt ihn zurück ins Haus.

Nach einer etwas unruhigen Nacht wacht Kater Moritz am nächsten Morgen in seinem neuen Körbchen auf. Lautlos schleicht er zur Tür, die nur angelehnt ist.
„Ausgeschlafen?“ fragt eine tiefe, freundliche Stimme. Sie gehört zu einem netten älteren Herrn. Er streichelt den Kater.

„Hallo, Opa! Bist du auch schon wach?“ fragt Stefan.
„Ich bin schon seit fünf Uhr auf. Alte Leute brauchen nicht mehr soviel Schlaf wie junge.“
„Können wir Moritz in die Stadt mitnehmen?“ fragt der Junge.
„Das geht nicht“, meint der Opa. „Laß den Kater lieber hier im Garten. Das ist besser für ihn.“

Das findet auch Moritz und läuft hinaus.
Plötzlich bleibt er wie angewurzelt stehen. Direkt vor seiner Nase sitzt eine hübsche Katze. Sie hat silbergraues Fell und wunderschöne Augen und... sie ist ein Katzenmädchen. Was die beiden erleben, steht in der nächsten Geschichte.

Kater Moritz kommt heim

Seit kurzem lebt Kater Moritz bei Julia und Stefan in der Stadt. Geboren wurde er auf einem Bauernhof bei seinen ersten Freunden mit den ganz ähnlichen Namen Julian und Stefanie.

Eben stolzierte eine hübsche Katzendame durch seinen Garten. Mit großen, staunenden Augen schaute er hinter ihr her. „Moritz!“ tönt es plötzlich hinter ihm. Julia streichelt ihren neuen Freund. Doch der Kater kann die Katzendame nicht vergessen. Schließlich läuft er davon und schlüpft durch das Loch in der

Gartenmauer auf den Gehweg. Im Zickzack saust er auf dem Bürgersteig entlang. Da entdeckt er auf der anderen Straßenseite die Katzendame. Ohne zu schauen rennt er hinüber. Reifen quietschen, ein Auto streift ihn fast. Wo ist nun die Katzendame?

Kater Moritz biegt um eine Ecke und – erstarrt vor Schreck. Vor ihm steht ein Bernhardiner! Solch einen großen Hund hat er noch nie gesehen.

Kater Moritz macht seinen höchsten Buckel und faucht lautstark. Der Bernhardiner schaut den kleinen Kater nur an, beugt seinen Kopf hinunter und schnuppert. Moritz aber meint, der Hund will ihn auffressen. Durch seine Beine hindurch flitzt er auf und davon.

Kaum hat er sich von dem Schreck erholt, baut sich vor seiner Nase ein zerrupfter Kater auf.

„Na, Kleiner? Suchst du deine Mami?" raunzt der fremde Kater.

„Ich, äh? Nein!" stottert Moritz.

„Dann verschwinde aus meinem Revier, sonst setzt es Prügel! Klar?" zischt der Kater böse.

Bisher hatte Moritz sich noch nie mit anderen Katern geprügelt, aber nun schien es wohl nötig zu sein. Schließlich ist er kein Feigling. Unerwartet für den fremden Kater springt Moritz vor und haut kräftig mit der Tatze zu. Der Fremde weicht verdattert zurück. Das nutzt Moritz sofort zu einem zweiten Angriff. Dieses Mal schlägt er mit der anderen Tatze zu. Das ist zuviel für den Stadtkater. Er gibt Fersengeld. Kater Moritz ist Sieger und stolziert davon.

Doch wo soll er hin? Er hat die Orientierung verloren und auch sein Ziel, die hübsche Katzen

dame. Also muß er mit dem Näschen versuchen, in den vielen fremden Gerüchen den Duft jener Katze zu entdecken.

Plötzlich wendet er den Kopf. Ganz zart schien ihm etwas in die Nase gestiegen zu sein. Neugierig läuft er in diese Richtung. Er achtet nicht auf den Mann, der hinter ihm herläuft. Er sieht auch nicht, wie der Mann ein Netz bereithält und zum Wurf ausholt. Er hört nur ein Rauschen über sich, und da ist Kater

Moritz auch schon gefangen. „Hab' ich dich!" murmelt der Mann, zieht das Netz zusammen und trägt Moritz wie einen Rucksack davon. Moritz strampelt und zappelt, doch er kommt da nicht mehr raus. Seine Nase meldet, daß er der Katzendame immer näher kommt. Tatsächlich! Der Mann öffnet die Hintertür eines Lieferwagens, holt Kater Moritz aus dem Netz und steckt ihn in einen Käfig. Fünf Katzendamen sitzen schon darin – darunter die hübsche Katzendame. Bei allem Glück – was soll er nur tun? Er ist gefangen, und es gibt kein Entrinnen aus dem Käfig und dem Auto. Moritz ist verzweifelt.

Jetzt fährt der Wagen an. Unsanft werden die Katzen hin und her geschüttelt. Kater Moritz denkt nach, wie er sich aus der Gefahr retten kann. Nichts fällt ihm ein.
Da kommt ihm der Zufall zu Hilfe. Nachdem der Wagen aus der Stadt hinausgefahren ist, bremst der Fahrer plötzlich ab und hält an. Kater Moritz und die anderen Katzen hören, wie eine Stimme sagt: „Verkehrskontrolle. Darf ich bitte Ihre Papiere sehen?“
Kater Moritz sieht eine Chance, dem Gefängnis zu entkommen. So laut er kann, miaut er, und die anderen Katzen stimmen mit ein.
„Was haben Sie denn in Ihrem Kofferraum, Herr, hm, Dieterle?“ fragt der Polizist ernst.
„Ich? Äh, ich... Nichts! Warum?“ stottert der Fahrer.

„Machen Sie bitte mal auf!“ verlangt der Polizist. Dem Fahrer bleibt nichts anderes übrig. „Was haben wir denn da?“ staunt der Beamte. „Sind das Ihre Katzen?“
„Ja, natürlich!“ lügt der Mann.
„Diesen Kater kenne ich aber, mein Herr!“ sagt der Polizist und deutet auf Kater Moritz. „Der war mal schuld an einem Unfall. Sein auffälliges Fell habe ich mir gemerkt. Mit Ihren Katzen stimmt wohl etwas nicht, Herr Dieterle!“
Bald muß der Fahrer zugeben, daß er die Katzen gefangen hat. Die Polizeibeamten nehmen seine Personalien auf und stellen den Käfig in das Polizeifahrzeug.
„Sie hören noch vom Gericht!“ sagt der Polizist zum Schluß zu dem Katzenfänger. „Ich hoffe, das ist eine Lehre für Sie!“

Dann fahren die Polizisten mit dem Käfig voller Katzen zum Tierheim.
„Den bringe ich selber auf seinen Bauernhof!“ sagt der freundliche Beamte über Kater Moritz, als sie im Tierheim sind. Doch Moritz will nicht ohne seine Katzendame gehen. Als die Käfigtür aufgeht, schubst er sie hinaus, springt hinterher und miaut: „Lauf, lauf, so schnell du kannst!“ Die beiden Katzen sausen davon.
„Der Kater wird den Bauernhof auch so finden!“ lacht der Polizist. „Und außerdem scheint er seine Freundin mitgenommen zu haben.“
Kater Moritz und seine Freundin sind sehr schnell gelaufen und bleiben stehen, um zu verschnaufen.
„Wie heißt du eigentlich?“ fragt da die Katzendame ihren Retter.

„Ich bin Kater Moritz!“ antwortet unser Freund. „Und wie heißt du?“
„Susi ...“, antwortet sie und stupst Kater Moritz in die Seite. Der wird ganz verlegen, denn er hat sich richtig verliebt.
„Jetzt müssen wir herausfinden, wo wir sind!“ meint Kater Moritz und springt auf einen Felsblock. Von dort oben hat er eine gute Sicht.
„Hier kenn' ich mich aus! Wir sind in der Nähe des Bauernhofes, wo ich geboren bin“, miaut er. „Komm, Susi! Dort sind wir sicher!“
Bald erreichen die zwei den Hof. Der Hofhund Hasso beobachtet die Katzen, erkennt aber Moritz nicht. So stürmt er laut bellend auf die beiden Katzen los.
Susi saust vor Schreck einen nahen Apfelbaum hoch und faucht wütend. Kater Moritz macht einen Buckel. Zwei Meter vor ihm stoppt Hasso.
„Bist du das, Moritz?“ japst der Hund. „Wo kommst du denn her?“
„Ich möchte dich erst einmal mit meiner Verlobten Susi bekannt machen. Dann erzähle ich dir alles!“ antwortet der Kater.
Vorsichtig klettert Susi vom Baum. So ganz traut sie dem Hund nicht. Kater Moritz erklärt ihr kurz, wie Hasso sein Freund geworden ist, und daß sie keine Angst haben muß. Bevor Moritz die abenteuerliche Flucht aus dem Tierfänger-

auto schildern kann, biegt Julian um die Ecke des Bauernhauses. „Moritz? – Moritz, bist du das wirklich?“ fragt er vorsichtig, als er seinen geliebten Kater sieht. Dann rennt er zurück.

„Mutti! Stefanie! Moritz ist wieder da! Kommt schnell! Da draußen sitzt er!“ brüllt er.

Stefanie poltert die Treppe herunter, die Mutter läuft aus der Küche. „Wo ist Moritz?“ fragt sie.

„Draußen bei Hasso. Und noch eine Katze ist da“, antwortet Julian. Alle drei eilen nach draußen. Ein schönes Bild bietet sich ihnen. Kater Moritz scheint Hasso etwas zu erzählen. Und eine andere Katze

sitzt auch dabei und putzt ihr silbergraues glänzendes Fell.
„Moritz, Moritz!“ ruft Julian, und sein Kater kommt ihm in großen Sprüngen entgegen.
Hasso bellt vor Freude, aber diesmal nicht so laut.
Moritz befreit sich aus Julians Armen und läuft zu seiner Susi. Gemeinsam kommen sie zu Julian, Stefanie und ihrer Mutter zurück.
„Schau, Mutti! Moritz will uns seine Freundin vorstellen!“ lacht Stefanie.
„Es scheint, daß der Herr Kater in Kürze heiraten will“, antwortet die Mutter verschmitzt.

Den Rest des Tages verbringen die Kinder, die Katzen und Hasso spielend im Hof. Als Stefanie und Julia gegen Abend ins Haus gehen, beobachten sie vom Küchenfenster aus, wie Moritz und Susi in der Scheune verschwinden.
Tage und Wochen gehen ins Land. Die beiden Kinder vom Bauernhof haben von den Stadtkindern erfahren, was alles passiert ist. Auch der nette Polizeibeamte hat bei einem kurzen Besuch erzählt, wie es zu der Entdeckung der Katzen im Tierfängerauto kam. So leid es der kleinen Julia aus der Stadt auch tat, sie sah ein, daß der Bauernhof für Kater Moritz besser war, zumal er anscheinend eine Familie gründen wollte.
Und so war es auch. Eines Tages kommt Stefanie aus der Scheune und ruft: „Kater Moritz ist Vater!"
„Oje", stöhnt ihre Mutter nur. „Wo sollen wir nur mit den jungen Katzen hin? Es sind zu viele!"
Stefanie weiß Rat. „Unsere Freunde in der Stadt können jetzt wieder eine Katze nehmen. Und Julias Freundinnen wollten auch eine haben. Dann sind alle versorgt."
„Das ist sicher eine gute Lösung", stimmt ihre Mutter zu. „Jetzt schauen wir uns aber die Kinder von Kater Moritz und Susi an!"
In der Scheune, in der schon Moritz zur Welt kam, finden sie unter dem Stroh das Katzenbett. Eines der jungen Kätzchen stolpert schon munter über seine Brüder und Schwestern hinweg. Wenn man genau hinschaut, sieht es ebenso aus wie Kater Moritz, als der zur Welt kam.

Krümel stellt sich vor

Hallo, liebe Kinder! Ich heiße Krümel... Ihr findet, das sei ein komischer Name für einen Hund? Na, hört mal! Würde ich Brülli von Kreischki heißen, das wäre komisch! Ehrlich gesagt, begeistert bin ich auch nicht darüber. Aber es gibt Schlimmeres im Leben als einen etwas ausgefallenen Namen. Ich habe mich jedenfalls damit abgefunden. Schließlich kann ich froh sein, daß mich Ha-We nicht Brösel genannt hat... Ach, du dik-

kes Bratwurstende! Ihr wißt ja gar nicht, wer Ha-We ist! Und Dolli kennt ihr natürlich auch nicht. Wo fange ich nur an? „Immer der Reihe nach", würde Ha-We sagen. Also, Ha-We ist Hans-Werner. Und Dolli ist meine Mama, eine bildhübsche, immer fidele Hundedame.

Meine Mama und ich wohnen bei Hans-Werner. Die Menschen würden sagen, Hans-Werner ist unser Herrchen.

Daß ich nicht kichere – Ha-We ist ein Riesenkerl. Groß ist er und dick. Und er ist, obwohl er manchmal brummig sein kann, sehr lieb und freundlich. Das kommt be-

stimmt daher, weil Ha-We so eine Art schrulliger Künstler ist.
„Ich bin ein musizierender Lebenskünstler mit praktischen Händen", sagt er immer, wenn ihn jemand nach seinem Beruf fragt.
Tatsächlich spielt er lauter ausgefallene Instrumente, die ebensoviel Platz benötigen wie Ha-We selbst. Er zupft die Baßgeige – und zwar so fetzig, daß ihn viele für einen Rockmusiker halten. Er bläst auf der Tuba – so schräg, daß andere wiederum behaupten, er sei der richtige Mann für die Feuerwehrkapelle.
Außerdem schlägt er auf Klaviertasten und auf Trommeln oder fummelt an allerlei irrwitzigen Musikgeräten herum. In der Wohnung ist es deshalb immer sehr eng. Das ist auch einer der Gründe, warum wir Hans-Werner nur Ha-We nennen.
„Für einen längeren Namen ist in dieser vollgepackten Musikantenbude einfach kein Platz mehr", behauptet Dolli, meine fidele Mama. Ha-We also verdanke ich meinen krümeligen Namen. Als meine Mama mich und einen ganzen Schwung von Geschwistern geboren hatte, schaute Hans-Werner in den Hundekorb. Kaum erblickte er mich, sagte er: „Ach, herrje! Was hast du denn da nur für einen Krümel geboren, Dolli!"
Es war wohl Liebe auf den ersten Blick. Denn Ha-We verschenkte alle Hundebabys. Nur mich gab er nicht weg. Selbst als die Nachbarskinder um mich bettelten, blieb Ha-We hart. „Nein", sagte er, „den Kleinen gebe ich nicht her. Krümel bleibt bei Dolli und mir!"

Ganz gut, daß mein Vater nicht weiß, wie man mich nennt. ich bin nämlich mit der gefürchteten Kettenhundfamilie Bell und Heul verwandt. Mein Vater ist ein echter Bell und Heul: groß, stark, wild und bissig! Rambo von Bell und Heul heißt er. Wenn er wüßte, daß man mich Krümel nennt, würde er bestimmt vor Scham und Kummer nur noch mit dem Schwanzende aus seiner Hundehütte schauen. Armer Papa! Er muß den bösen Hofhund spielen, weil die Menschen es so von ihm wollen... Ich habe dazu keine Lust. Viel lieber kläffe ich vor Freude, lasse mich streicheln und bin zu allen Menschen freundlich. Vor allem Kinder mag ich. Die finden mich immer so süß und niedlich. Das tut richtig gut!

Manchmal sagt Ha-We: „Ja, Krümel, du bist kein Schäferhund, kein Bernhardiner und auch kein Dackel. Du bist eben ein echter Kinderhund!"

Natürlich bin ich ein Kinderhund! Die einzigen, die wirklich Spaß und Interesse an Hans-Werners kunterbunter Instrumentensammlung haben, sind Kinder.

Dauernd versuchen die Mädchen und Jungen aus der Nachbarschaft auf Ha-Wes Schätzen Musik zu machen. Vor allem Antje und Rolf. Begeistert trommeln und

klimpern und zupfen und dudeln die Kleinen auf den Musikgeräten herum. Ich kann euch sagen, das ist manchmal ein derartiger Radau, daß der hartnäckigste Hundefloh vor Schreck davonhüpft.

Aber Spaß macht es! Und wie! Ha-We mitten unter den Kindern. Und rums! Und krach! Und peng! Und krawumm-di-bu-di-bumm!! Dolli bellt und jault, Ha-We grölt, und Antje fordert mich immer auf: „Los, kleiner Krümel, jetzt darfst du mit deiner fiepsigen Kläffstimme die erste Strophe singen!"

Allerdings geht es bei uns nicht immer so lebhaft zu. An solchen Tagen muß ich mich darum kümmern, daß keine Langeweile aufkommt. Ein schöner Zeitvertreib ist, Hans-Werners Schuhe oder

Socken zu verstecken. Gerne schleppe ich sie unters Sofa, wo ich in aller Ruhe auf ihnen herumkauen kann. Ha-Wes Socken muffeln manchmal so wunderbar, daß sich Dolli mit mir darum balgt.
Neulich ist es uns gelungen, an einem der Stinkesocken so lange zu zerren, bis er in zwei Teile zerriß! Das war vielleicht ein Gepolter, als Mama und ich in entgegengesetzte Ecken purzelten! Ha-We, der stöhnend in der Wohnung herumkroch und Schuhe samt Socken suchte, schimpfte:
„Ihr miesen Drecksköter...! Aus euch lasse ich Katzenfutter machen!“

Da habe ich ihn so traurig angeschaut, daß es ihm gleich wieder leid tat und er Dolli und mich liebevoll tätschelte.

Ha-We hat mir neulich sehr deutlich klargemacht, daß ich mich melden soll, wenn ich mal muß. Gassi gehen nennt er das. Als ich einmal eine Pfütze vor seiner Baßgeige machte, hat er mich mit der Schnauze in mein eigenes Pipi gedrückt. Pfui! Das habe ich mir gemerkt!

Seither laufe ich immer zur Wohnungstür, wedle mit dem Schwanz und fiepse ganz erbärmlich. Dolli kommt stets erwartungsvoll dazu, und Ha-We brummt: „Aha, meine

Köter wollen mal wieder Gassi gehen!“

Draußen tobe ich mich erst einmal nach Herzenslust aus, während Mama stolz neben ihrem geliebten Herrchen trottet.

Dolli meint, daß Ha-We viel zu dick sei und viel Bewegung brauche. „Deshalb werden wir mit ihm so oft wie möglich Gassi gehen“, sagt Dolli. Tja, Mama ist eben nicht nur eine hübsche, sondern auch eine kluge Hundedame.

Toll finde ich, wenn Anja und Rolf mit uns nach draußen gehen. Heute locken wir Ha-We und die Kinder weit hinaus ins Grüne. Nichts ist herrlicher, als über die Wiesen und Felder zu rasen. Ich flitze und fege so irrsinnig schnell durch die Gegend, daß jedem Windhund vor Neid die Ohren abfallen müßten. Finde ich jedenfalls.

Als mich allerdings ein aufgescheuchtes Kaninchen überholt und mich für einen Spielkameraden hält, bin ich doch ein bißchen beleidigt.

Antje und Rolf trösten mich, indem sie mich anspornen: „Krümel! Super! Gleich hast du das schnellste Turbo-Flitzeblitz-Kaninchen der Welt eindeutig abgehängt!“ Endlich begreift das bescheuerte Hoppel-Karnickel, daß ich ein rasender Hund bin, und zick-zackt in Todesangst davon.

Wau! Was bin ich aus der Puste! Aus einem nahen Gebüsch riecht es jedoch so verlockend, daß mich die Neugierde packt. Vorsichtig pirsche ich mich näher.

Es ist schon traurig mit den Menschen. Überall, wo es ein bißchen nach grüner Natur aussieht, werfen sie ihre Abfälle hin. Natürlich auch in dieses Gebüsch. Plastiktüten, Dosen, Flaschenscherben, ein zerfetzter Regenschirm und was weiß ich für Krimskrams-Müll liegen kunterbunt auf einem Haufen. Scheußlich! Gräßlich! Eigentlich… Denn riechen tut der Mist und Dreck ganz toll. Für mich kleinen Hund ist das verdreckte Gestrüpp eine einzige abenteuerliche Herausforderung an meine feuchte Schnuppernase.

Von fern höre ich Dolli warnend bellen. Ha-We und die Kinder ru-

fen: „Pfui, Krümel, pfui!“ Ich aber denke mir: „Von wegen pfui! – Lekker!“ Und schon wühle ich in dem dampfenden Durcheinander. Aha! Da ist ja die Quelle des lockenden Wohlgeruchs: Eine große Dose. Ha-We holt aus solchen Dingern immer Würstchen heraus. Mal sehen, ob da auch welche drin sind... Was ist jetzt wieder los? Plötzlich ist es Nacht! Warum ist es so finster? Hilfe! Hilfe!!!

Ihr könnt euch nicht vorstellen, was passiert ist! Bis ans Ende der leeren Dose zwängte ich meine Schnüffelschnauze auf der Suche nach einem Würstchen. Und dann bekam ich meinen Kopf nicht mehr frei! Später erzählte mir Dolli: „Es war furchtbar – und komisch zugleich! Da hetzte eine Würstchendose ziellos durch die Gegend. Immer wieder rumste sie gegen ein Hindernis. Dann hörte man ein blechernes Jaulen aus der gammeligen Büchse...“

Antje und Rolf rannten weinend hinter mir her, und Ha-We rief verzweifelt meinen Namen. Fast wäre ich über eine steile Uferböschung in einen Bach gefallen, als mich Antje gerade noch erwischte. Verbissen zerrten die Kinder an der Konservendose. Ich wehrte mich und jaulte vor Angst. Rolf schrie: „Halt endlich still! Oder willst du dein ganzes Hundeleben lang mit 'ner Dose als Kopf herumlaufen?“

Ach ja, liebe Kinder, welch ein Glück, daß Ha-We so praktische Künstlerhände hat... War das ein Freudentanz, als er mich endlich aus meiner grausigen Würstchendosen-Finsternis befreite!

Krümel verschwindet

Hallo, liebe Kinder! Könnt ihr euch noch an mein Abenteuer mit der Würstchendose erinnern? Als ich mit meinem Kopf in der gammeligen Blechbüchse steckenblieb? Das ist schon eine Weile her. Ihr wollt jetzt sicherlich wissen, was sich in der Zwischenzeit alles ereignet hat.
Nun, Hans-Werner zupft immer noch seine Baßgeige und entlockt der Tuba schräge Töne. Abgenommen hat er nicht. Die Idee meiner Mama, Hans-Werner durch häufiges Gassigehen zu mehr Bewegung zu verhelfen, hat nichts genützt. Doch Dolli liebt Ha-We, wie wir Hans-Werner nennen, auch dick. Er ist ja ein wirklich netter Kerl.
Von einem Ereignis muß ich euch unbedingt berichten. Für mich war's toll und aufregend. Für Ha-We und Dolli weniger. Auch Antje und Rolf waren recht durcheinander. Angefangen hat alles auf einem Dorffest. Ha-We spielte dort mit einer Musikgruppe.
„Paßt bitte gut auf Krümel auf!“ sagte er zu Antje und Rolf. Um mich im Gedränge nicht zu verlieren, nahmen sie mich abwechselnd auf den Arm. Das war prima, bis Dolli anfing, mit anderen Hunden herumzutoben. Da wollte ich unbedingt mitmachen. Also kläffte und strampelte ich so lange, bis mich Antje auf den Boden setzte. Bevor die Kinder es richtig merkten, war ich weg! Eifrig wuselte ich

zwischen den Beinen der Zuhörer davon.
Ihr könnt euch vorstellen, was für verlockende Duftwolken meine feuchte Hundenase kitzelten: abgebissene Bratwurstenden, ketchupverschmierte Pommes, klebrige Zuckerwattenreste... Leider fand mich Dolli, als ich gerade mit einer verlorengegangenen Eistüte kämpfte. Den Rest des Festes mußte ich an die Leine, was ich echt hasse!
Es war wieder einmal einer dieser elend langweiligen Tage. Ha-We fummelte an einer musikalischen Wahnsinnsidee herum. Dolli war um ihren Schönheitsschlaf be-

müht. Und Antje und Rolf hatten keine Zeit für mich. Sogar Hans-Werners Schuhe und Strümpfe waren weggeräumt. Totale Langeweile also! Sehnsüchtig erinnerte ich mich an die kurze Freiheit auf dem Dorffest.

Ich bin doch kein Schoßhundbaby! grübelte ich voller Groll. „Ich will die Aufregungen des Lebens auf eigenen Pfoten erkunden!“ sagte ich abenteuerlustig. Ich werde jetzt ganz dringend Gassigehen anmelden – und einfach ein Weilchen verschwinden!

Es klappte tadellos. Von seiner Musik restlos beduselt, öffnete mir ein gedankenloser Ha-We die Tür – und draußen war ich!

Wau, war das ein Prickeln unter meinem Fell! Als erstes wollte ich endlich meinen Vater näher kennenlernen. Vorsichtig umschlich ich den Hof, wo Rambo von Bell und Heul den bissig-bösen Kettenhund spielen mußte.

„Hallo, Papa!“ rief ich leise. Mit furchterregendem Gebell stürzte er sich auf mich. Welch ein Glück, daß die Kette ihn zurückhielt!

„Hau ab, du Pinscher!“ tobte er.

„Ich bin doch dein Sohn!“ versuchte ich den wütenden Kettenhund-Rambo zu beruhigen.

„Du affiger Kläffer willst mein Kind sein? Wer hat dir denn diese Lügengeschichte erzählt?“ schimpfte er.

„Dolli, meine Mama“, sagte ich. Da wurde Papa ganz nachdenklich und seufzte: „Ach, Dolli …“ Dann sagte er noch: „Du hast es gut, Kleiner. Kannst in der Welt herumstromern, während ich an meiner Kette immer bösartiger und bissiger werde … Na, was soll's! Grüß

mir Dolli – und mach's gut, mein kleiner Sohn!"
Richtig weinen hätte ich können, als ich weiterstrolchte und an meinen Papa dachte...
Irgendwann wachte ich aus meinen Gedanken auf. Wo war ich nur? Die Gegend war mir völlig fremd. Auf einmal wehte mir ein vertrauter Geruch in die Schnuppernase: Ganz in der Nähe mußte eine regelrechte Versammlung von Hunden, Katzen und allerlei anderen Tieren stattfinden!
Ob das ein Zoo ist? überlegte ich noch, als mich eine Frau ansprach: „Du süßer Wuschel, hast du ganz allein zum Tierheim gefunden?"

Tierheim – das war's! Natürlich wollte ich da mal reinschauen. Also schloß ich mich der Frau an, die anscheinend die Leiterin des Tierheims war.
Das war vielleicht eine Kläfferei, ein Gejaule und Gemaunze, als mich Frau Schneider an großen Käfigen vorbeiführte.
„Keine Bange, kleiner Wuschel", sagte sie freundlich. „Hier wirst du rasch Spielkameraden finden!"
Ob da nicht ein Mißverständnis vorlag? Statt Krümel Wuschel genannt zu werden, gefiel mir durchaus. Aber Frau Schneider dachte anscheinend, ich würde hier für immer einziehen!
Sie nahm mich auf den Arm und zeigte mir noch mehr Bewohner des Heims für Tiere. Da gab es traurige Kätzchen und kranke Hoppelkaninchen, halbverhungerte Meerschweinchen und einsame Vögelchen. Viele waren als lebendiges Spielzeug verschenkt worden.

Frau Schneider erklärte mir: „Und dann wurden die Tiere den Kindern zu langweilig und den Eltern zu lästig. Man ließ sie hungern, setzte sie aus, jagte sie fort oder brachte sie wenigstens ins Tierheim. So, wie man dich armen kleinen Wuschel hier abgesetzt hat..."
Es tat mir schon leid, daß man Hans-Werner, Antje und Rolf so eine Gemeinheit zutraute! Frau Schneider drückte mich aber so liebevoll, daß ich einfach nicht mehr protestieren mochte.
Währenddessen war Ha-We aus seinen musikalischen Wolken zurückgekehrt. Er stürzte kurzerhand ab und knallte in eine harte Wirklichkeit hinein. Diese Wirklichkeit bestand aus einer vorwurfsvoll blickenden Dolli und zwei Kindern, die fragten: „Wo – ist – Krümel?"
Ha-We soll dreingeschaut haben wie ein Bär, der beim Naschen statt des Honigtopfes den Senftopf erwischt hatte. Gemeinsam suchten sie mich dann. Dolli verlor aber bald meine Spur. Ich war nämlich durch einige kleine Bäche gewatet. Im Wasser verliert jeder Hund die Spur. Auf diese Weise hatte ich den Suchtrupp, der hinter mir her war, abgeschüttelt.

Im Tierasyl war ich bald der Liebling der Menschen und fast aller Tiere. Nur ein paar verwilderte Kater und zwei alte Kettenhunde fauchten und kläfften mich an. Denen hatte man bisher nur Böses angetan. Sie konnten schwer begreifen, daß man ihnen hier so viel Zuneigung entgegenbrachte.

Nun wurde es aufregend. Das Fernsehen hatte sich nämlich angesagt, um eine Übertragung zu machen. Überall lagen Kabel. Scheinwerfer wurden aufgestellt. Die Leute schleppten Blechkisten, Kameras und Mikrofone. Jemand brüllte: „Ruhe bitte!" Eine junge Frau lächelte in die Kamera und

sagte: „Hallo, liebe Kinder! Hier meldet sich Helga aus dem Tierheim in Lichtenbach..."
Sie winkte uns daraufhin vor die Kamera und fuhr fort: „Frau Schneider wird uns jetzt über ihre Arbeit im Tierschutz berichten."
Spannende Geschichten über die Rettung mißhandelter Tiere erzählte Frau Schneider. Über gedankenlose Menschen, die ihre kleinen Lieblinge völlig falsch füttern oder pflegen – und dadurch quälen. Die Fernsehreporterin deutete dann auf mich und fragte:
„Könntet ihr, liebe Kinder, so ein süßes Hundchen einfach im Stich lassen?"

Ha-We, Dolli, Antje und Rolf hatten die Suche ergebnislos abgebrochen. Weinend waren die Kinder nach Hause gerannt. Dort hatte ihnen ihre Mutter ein Kinderprogramm im Fernsehen eingeschaltet, um sie von ihrem Kummer abzulenken.
Und das war der ganz große Volltreffer! Denn kaum war der Flimmerkasten eingeschaltet, hörten Antje und Rolf die Reporterin sagen: „Genau das hat man mit dem armen Wuschel getan. Er wurde ausgesetzt!"
Als ich nun als Fernsehstar auftauchte, war bei meinen Freunden die Hölle los!
„Krümel ist im Fernsehen!" brüllten sie. Rolf raste ans Telefon und rief Ha-We an: „Im Fernsehen ist er. Und Wuschel nennen sie ihn! Und behaupten, wir hätten ihn ausgesetzt! So eine Gemeinheit! Und Krümel schaut so glücklich in die Kamera, als ob er von uns überhaupt nichts mehr wissen wollte!" empörte sich Rolf.
Ha-We kam nicht zu Wort. Endlich konnte er die entscheidende Frage stellen: „Und wo ist Krümel? Wo liegt dieses Tierheim?"
O du gammeliger Hundekuchen! Jetzt waren meine Freunde in höchster Not! Aber ein Anruf beim Sender verriet ihnen, wo das Tierheim lag.

Wie Seeräuber platzten sie in die Sendung. Geschrei! Gebrüll! Krawall! – „Krüüümel!" – „Ruhe!" – tönte es. Dazwischen Gekläffe und Gejaule. Ich schwöre: Es war der totale Wiedersehenswahnsinn! Als endlich Ruhe einkehrte, klärte sich die verwickelte Situation auf. Das war natürlich eine Sensation für die Fernsehmacher. Ha-We mußte berichten. Antje und Rolf mußten ihre Geschichte erzählen. Dolli und ich wurden dauernd gefilmt, getätschelt und gestreichelt. Zum Schluß sagte Helga: „Daß unsere Sendung heute derart turbulent und lustig wurde, verdanken wir Krümel. Er hat mitgeholfen, uns zu zeigen, wie wichtig die Arbeit der Tierschützer ist..."
Das Schönste war allerdings, wieder bei Mama und meinen Freunden zu sein!

Krümel befreit Rambo

Hallo, liebe Kinder, da bin ich wieder! Meine Abenteuer im Tierheim kennt ihr ja bereits. Ich fand es toll dort, mit all dem Fernsehrummel und der Aufregung wegen meines Verschwindens...

Allerdings möchte ich nicht in einem Tierheim leben müssen, immer in der Hoffnung, daß mich ein gutherziger Mensch mitnimmt... Vor allem die Kettenhunde bedaure ich. Die sind so heruntergekommen und verbiestert, daß sie niemand mehr haben will. Sie seien bissig und böse, sagen die

Menschen. Natürlich sind sie bissig und böse. Wer aber hat sie dazu erzogen? Irgendwelche eigenartigen Typen, die sich nur sicher fühlen, wenn ihre Hunde die Zähne fletschen.

Ach, bin ich froh, daß es Menschen wie Ha-We oder Antje und Rolf gibt! Die würden mich niemals zu einem bissigen Köter dressieren. Ihr erinnert euch bestimmt, daß mein Papa auch ein Kettenhund ist. Als Rambo von Bell und Heul hat er einen wüsten Ruf. Dolli, meine Mama, erzählte mir einmal: „Dein Vater war früher genauso fröhlich wie ich. Wir tobten oft gemeinsam über Wiesen und Felder."

„Aber Rambo ist angekettet", unterbrach ich Dolli.

Da sagte meine Mama: „Der alte Bauer, bei dem dein Vater lebte, war ein echter Tierfreund. Deshalb war Rambo auch nicht angekettet. Er durfte herumtollen und war dennoch ein guter Wachhund."

„Und dann?" fragte ich Dolli.

„Na ja, dann starb der alte Bauer. Viele Nächte lang heulte Rambo an seinem Grab. Als schließlich ein Verwandter den Hof übernahm, wurde alles anders. Du weißt ja, der neue Bauer geht mit allen Tieren des Hofes sehr grob um. Vor allem Rambo wird oft geschlagen."

Ob ihr, liebe Kinder, verstehen könnt, daß ich dauernd an meinen Papa denken muß? Er tut mir schrecklich leid.

Wie schön, da kommen Antje und Rolf zu Besuch. Sie sind unsere treuesten Freunde. Ich bin froh über die Ablenkung.

Die Kinder fragen Hans-Werner: „Dürfen wir mit Krümel ein wenig draußen spielen?"

Ha-We, wie Dolli und ich unser dickes Herrchen nennen, willigt gern ein. Ha-We ist nämlich wieder mit tollkühnen musikalischen Versuchen beschäftigt. Deshalb ist er ganz froh, wenn ich ihn eine Weile mit Dolli allein lasse. Wie ein Wahnsinniger bearbeitet er seine Buschtrommeln, daß es weithin dröhnt und Dolli sich unter ihr Gehörschutzkissen verkriecht. Dazu verdreht er begeistert die Augen und singt. Echt zum Kichern, kann ich euch sagen!

Herrlich, hier draußen im Grünen herumzutoben! Ob ich Antje und Rolf in die Nähe des Bauernhofs locken kann, wo mein Papa als

Kettenhund haust? Ich glaube, es klappt! Rambo läßt meine beiden Freunde sogar auf den Hof...

„Na, Kleiner, bist du noch sauer auf mich?“ will Papa wissen.

„Warum sauer?“ frage ich zurück. Da fällt es mir wieder ein: Rambo hatte mich einen Pinscher und affigen Kläffer genannt.

„Nein, ich bin nicht böse auf dich“, sage ich und frage: „Warum siehst du heute so traurig aus?“

„Ach, Kleiner!“ seufzt Papa und zieht an seiner klirrenden Kette. „Für mich ist das einfach kein Leben mehr. Oft beobachte ich dich und deine Freunde! Dann bekomme ich richtig Sehnsucht. Ich würde so gern mit euch herumspringen und meine Freiheit genießen! Und wenn ich an Dolli denke, könnte ich heulen vor Kummer... Paß auf, mein Kleiner, da kommt der Bauer!“

Der Bauer kommt angestapft und schreit: „Hau ab, mickrige Töle!“ Auch mit den Kindern schimpft er: „Haut ab mit eurem Kläffer!“

Mickrige Töle, Kläffer... Muß man sich das als kleiner Kinderhund gefallen lassen? Jetzt brüllt der ungehobelte Kerl meinen Papa an: „Als Kettenhund sollst du auf Haus und Hof aufpassen! Mit Kindern und Schoßhündchen spielen, das könnte dir so passen! Dir werde ich's aber zeigen!“

Brutal will der Mann meinen Papa treten.

Aber er hat Pech und schlägt sich mit Donnergepolter an der Hundehütte die Zehen krumm. Recht ist ihm geschehen. Man darf doch keine Hunde treten. Man darf überhaupt keine Lebewesen treten! Ja, ja, jetzt spürt der Grobian, wie weh das tut. Fast möchten wir lachen, wie er da jammernd auf einem Bein herumhüpft. Aber diese Angelegenheit ist viel zu traurig. Und wir fühlen uns so klein und hilflos.

Auf dem Heimweg regen sich Rolf und Antje unheimlich über den Tierquäler auf. Ich kann ihre Wut gut verstehen. Wie kann man sich gegen die ruppige Unfreundlichkeit des Bauern nur wehren? Nur mit starken Schimpfworten können sie ihrem Zorn Luft machen.

Mir fällt allerdings auch nicht viel mehr ein, als vor Wut und Hilflosigkeit meine Ohren traurig hängen zu lassen.
Endlich sind wir bei Hans-Werner und Dolli.
Meine Mama merkt gleich, daß mit uns etwas nicht stimmt. Ich berichte ihr von unserem traurigen Erlebnis.

Währenddessen bestürmen Antje und Rolf Ha-We und bitten ihn um Hilfe für Rambo.
„Tja, Kinder", grübelt Ha-We, „das ist wirklich eine stinkgemeine Schweinerei. Da müssen wir uns etwas einfallen lassen!"
Einfach scheint es indessen nicht zu sein, meinem Papa beizustehen.

Ha-We sagt zu den Kindern: „Soll ich vielleicht zu dem Bauern gehen und sagen: ‚He, Sie! Behandeln Sie gefälligst ihren Hund gut! Und machen Sie ihn von der Kette los!‘..."
„Warum eigentlich nicht? Das ist doch Tierquälerei, was da mit Rambo geschieht", wendet Antje ein.
Doch Hans-Werner winkt ab und meint: „Wenn Rambo hungern müßte, wenn die Kette zu kurz oder sein Halsband zu eng wäre, wenn er keine Hundehütte hätte, dann könnte man dem Mann vielleicht mit der Polizei drohen."
„Aber er hat Rambo getreten!" begehrt Rolf auf. „Danebengetreten", verbessert Antje, und Ha-We sagt: „Selbst wenn er ihn getreten hätte... So wie ich den Kerl einschätze, würde er doch alles abstreiten."

Endlich fällt meinen Freunden doch noch eine Möglichkeit ein, Papa zu helfen. Frohen Mutes machen wir uns auf den Weg zum Bauernhof.
„Wir möchten fragen, ob Sie Ihren Wachhund verkaufen", sagt Ha-We freundlich.
Der Bauer brummt nur: „Für blödes Gequatsche habe ich keine Zeit!"
Da erwidert Ha-We: „Wir quatschen nicht, wir wollen ganz im Ernst Ihren Hund kaufen."
Jetzt wird der Bauer endgültig wütend und brüllt: „Ich lasse mich nicht von jedem dahergelaufenen Fettmops vergackeiern! Also verschwinden Sie samt Ihrer lästigen Kinder- und Köterschar!"
Auweia! Jetzt wird Ha-We bestimmt bitterböse sein. Und schon empört sich mein Herrchen über

die ungehobelte Art des Wüterichs. Der aber will auf Ha-We losgehen und ihn verprügeln. Da knurrt Rambo drohend aus seiner Hütte, und das zornige Bäuerlein wird etwas ruhiger und lacht böse: „Also gut, ihr könnt dieses bissige Biest haben! Geschenkt! Ich bin nur gespannt, wie ihr Rambo von der Kette befreit, ohne gefressen zu werden, hahaha!“
Na, da soll sich der rabiate Kerl aber wundern!
Noch streitet er mit Ha-We, da schleiche ich mich mit Dolli zu Rambo und sage: „Los, Papa, gemeinsam schaffen wir es vielleicht, deine Kette zu sprengen!“

Während Papa mit aller Kraft die Kette spannt, reißen Mama und ich wütend am anderen Ende. Die Kette klirrt, und die Verankerung an der Hundehütte knarrt und ächzt.
Da höre ich das begeisterte Geschrei der Kinder. Auch Ha-We begreift endlich, daß es sich nicht lohnt, weiterzustreiten. Gemeinsam schreiten wir zur Tat – und zerren an der Kette.
Noch habe ich das gemeine Lachen des Bauern im Ohr, da reißt mit einem Knirschen die Kette an ihrer schwächsten Stelle. Stolz beutle ich das zerrissene Kettenende.
„Papa, du bist frei!“ rufe ich und mag gar nicht aufhören, die Kette zu beuteln.
Die anderen umringen währenddessen Rambo, der sich glücklich wedelnd kraulen und streicheln läßt. Dem unfreundlichen Bauern verschlägt es vor Staunen die Sprache.
Kinder, Kinder, bin ich glücklich ...!
Ich habe eine Mama – und einen Papa! Sein Name – Rambo von Bell und Heul – ist eigentlich schon fast ein Witz. Eine Art Spitzname für einen großen, lieben, kuscheligen Papahund. Oft spazieren wir alle gemeinsam durch die Nachbarschaft.

Eine einsame alte Dame fragt Hans-Werner eines Tages, ob er nicht so einen Prachtkerl wie Rambo beschaffen könne: „Wissen Sie“, sagt sie, „mein guter Benni ist leider gestorben. Und ohne Hund fühle ich mich doch sehr, sehr allein ...“
Ha-We, Antje und Rolf tauschen rasch ein paar Blicke. Ich weiß genau, was sie denken!
So kommt es zu einem glücklichen Ausgang der Geschichte: Papa findet bei dieser freundlichen Nachbarin eine neue Heimat. Dolli sagt: „In Ha-Wes enger Bude hätte Rambo bestimmt nicht lange bleiben können. Nun aber sehen wir uns jeden Tag ...“
Und Papa ist sehr stolz, daß ich als kleiner Krümel geholfen habe, ihn von der verhaßten Kette zu befreien.

Krümel löst den Fall

Hallo, liebe Kinder! Wißt ihr was? In unserer Gegend wird eingebrochen! Sogar aus Frau Breuers Haus wurde etwas gestohlen. Bei der netten alten Dame hat doch Papa eine neue Heimat gefunden. Nun ist er völlig niedergeschlagen.

„Ich verstehe es nicht...", murmelt er immerzu. „Ich weiß, daß Frau Breuer mich liebhat und nicht erwartet, daß ich Tag und Nacht auf der Lauer liege. Aber ich war einmal der Kettenhund Rambo von Bell und Heul! Damals hätte ich jeden in die Flucht geschlagen! Ich begreife es einfach nicht..."

Zum Glück kommen gleich Antje und Rolf. Die Kinder begrüßen meinen Papa und necken ihn: „Na, Rambo, warum schaust du so traurig?"
Da sagt Frau Breuer: „Ich glaube, daß ihm der Einbruch von neulich immer noch zu schaffen macht."
Dann tätschelt sie meinen Papa.
„Was ist es, was du nicht verstehen kannst?" frage ich ihn, und Papa erklärt mir: „Ich kann mich einfach an nichts erinnern. Und ich kann keine Spur von dem Dieb erschnüffeln. Spuren gibt es kreuz und quer. Aber keine Fährte ist fremd genug, um sie vom Haus weg zu verfolgen..."
Wieder ist eingebrochen worden. In eine Villa, die Ha-We ein bißchen zu protzig findet.
Aufgeregt erzählt der Hausbesitzer der Polizei, daß ihm der Bösewicht unschätzbare Werte geklaut hätte.

„Was denn genau?" will der Kommissar wissen.
„Vor allem den Schmuck meiner Frau", antwortet der Mann. „Dabei lagen die Sachen einfach so herum."
„Das ist aber sehr leichtsinnig", gibt der Kriminalbeamte zu bedenken. Er macht ein Gesicht wie ein Fernsehdetektiv.
Der Hausbesitzer klagt weiter: „Außerdem wurde ein wertvolles Gemälde entwendet!"
„Sicherlich ein unschätzbarer Rembrandt", sagt der Kommissar.
Weil einige der Umstehenden kichern, sage ich mir, daß die Frage wohl sehr witzig war. Der Mann verneint aber und versichert, daß auf dem Bild kein Reh, natürlich

auch kein Reh im Brand zu sehen sei...
„Ein röhrender Hirsch vor dunklem Wald?" fragt der Kommissar. Da jubelt der Villenbesitzer: „Genau!"
Ha-We allerdings brummt: „Hätte ich mir denken können!" Dann gehen wir alle mit ihm nach Hause. Endlich kapiere ich auch, daß dieser Rembrandt ein toller Maler gewesen ist. Anscheinend hat er aber keine Hirsche gemalt. Sonst würden die Menschen doch nicht behaupten, Hirschbilder seien grausiger Schund, oder?
Zu Hause ist es wieder mal schön langweilig. Ob ich etwa mein altes Versteckspiel mit Ha-Wes Socken

aufnehme? Aber kein noch so schwach muffelnder Strumpf liegt herum. Alles ist aufgeräumt.
Potz-Polter-Krach-Granatenblitz! Jetzt hat der miese Kerl uns heimlich besucht und Hans-Werner einige seiner merkwürdigen Radau-Instrumente geräubert! Ich fürchte, liebe Kinder, heute würde uns Ha-We wirklich am liebsten zu Katzenfutter verarbeiten lassen...
„Und ihre Hunde haben nichts bemerkt?“ fragt der Kommissar.
Ha-We streift uns mit kaltem Blick und knurrt: „Meine Köter? Was gehört? Etwa gebellt? Den Dieb womöglich gestellt? Pah! Nichts! Absolut nichts, Herr Kommissar!“
Dolli und ich klemmen unsere Schwänze so reumütig wie möglich zwischen die Hinterbeine. Es nützt nichts. Ha-We ist böse mit uns.

„Das ist alles sehr rätselhaft“, hören wir den Kommissar seufzen.
Jetzt muß etwas geschehen! Wir wollen doch nicht als blöde Hunde dastehen. Also schnüffeln Mama und ich uns schier die Nasen wund. Wir zickzacken durch die Wohnung, trotten ums Haus, verfolgen Spuren durch die Nachbarschaft. Stets gelangen wir wieder vor unsere eigene Haustür und sind ratlos. Dolli gibt schließlich auf und verkriecht sich unter ihr Gehörschutzkissen. Ha-We giftet übellaunig vor sich hin. Nur Antje und Rolf sind lieb zu mir und begleiten mich zu Papa, der vielleicht weiterhelfen kann.
Während Papa überlegt, durchzuckt mich ein irrwitziger Gedanke, und ich rufe laut: „Die Socken! Ha-Wes Muffelsocken!“ Papa schaut noch trübsinniger drein

und glaubt sicherlich, ich hätte den Verstand verloren. Ich frage ihn: „Hat Frau Breuer vor dem Einbruch etwas vermißt?"
„Ja, doch, natürlich!" sagt Papa. „Sie schimpfte ein wenig, weil sie annahm, ich hätte ihre ollen Gartenschuhe irgendwo vergraben."
Nun wird mir einiges klar! Ich teile Rambo meinen Verdacht mit: „Weißt du was, Papa? Die Spuren sind verfälscht worden! Der Einbrecher hat bei euch die Gartenschuhe angezogen und bei uns Ha-Wes Stinkesocken. Dadurch hat er Fährten gelegt, die uns niemals verdächtig geworden wären!"
„Ja, natürlich! Dieser schlaue Ha-

lunke hat sich vorher immer ein Kleidungsstück der Leute besorgt, bei denen er später einbrechen wollte. Und wir Idioten sind nie auf die Idee gekommen, daß die Spur des Gangsters genauso angenehm roch wie die von Ha-We oder von Frau Breuer..."
Ich sage: „Dann brauchen wir ja den Fährten der beiden nur ein bißchen länger nachzuspüren!"
Papas Augen leuchten begeistert. „Genau, mein Kleiner! Während du hinter Ha-Wes Stinkesockenfährte herläufst, gehe ich Frau Breuers Spuren nach. Wir müßten uns an einem verdächtigen Ort treffen..."
Das Jagdfieber hat uns gepackt. Wie auf Kommando laufen wir los. Die Kinder und Frau Breuer rufen hinter uns her. Sollen sie rufen! Schließlich wollen wir beweisen, daß wir keine dummen und feigen Hunde sind.
Bald habe ich eine Fährte gefunden, die tatsächlich nicht astrein ist. Da ist zwar der Duft von Ha-Wes Muffelsocken. Aber ein zweiter Geruch dringt ab und zu durch. Na warte, du diebischer Schurke, dich werde ich sicher schnappen! Hinter mir kommen Antje und Rolf. Gut, daß sie Hans-Werner und Dolli mitgebracht haben. Ha-We mit seinem Wabbelbauch muß ganz schön keuchen bei meinem Tempo!

Seltsam, seltsam! Die heiße Spur führt zu einem verlassenen Gartenhaus. Aufgeregt kratze ich an der Tür. Endlich kommen die Kinder und Ha-We. Auch Rambo erscheint hechelnd. Unser Argwohn war also richtig! Jetzt können wir den räuberischen Spitzbuben der Polizei übergeben!
Rasch ist die Polizei zur Stelle und öffnet das Gartenhaus. Knurrend will ich mich auf den Bösewicht stürzen. Aber statt des Einbrechers finden wir eine Menge gestohlener Gegenstände.
„Seid um Himmels willen vorsichtig und berührt nichts!" stöhnt der Kommissar. Er befürchtet, daß wir die Fingerabdrücke des Gangsters verwischen könnten.
Ha-We jubelt: „Ich werd' verrückt, meine Instrumente!" Da ist auch

Schmuck und – der röhrende Hirsch. Der Kriminalbeamte fragt: „Sie behaupten also, diese Hunde hätten das Versteck gefunden?“ Stolz erwidert Ha-We: „Vor allem mein kleiner Krümel fand hierher wie ein Meisterdetektiv!“ Schließlich sagt der Kommissar: „Wir haben zwar das Diebesgut – aber nicht den Dieb. Wir werden ihm hier auflauern. Dann werden sich die letzten Rätsel auflösen...“ Als der Gangster gefaßt wird, gesteht er den Spurentrick und gibt auch zu, bei den Einbrüchen uns Hunde betäubt zu haben. Jetzt begreife ich, weshalb wir uns an nichts erinnern können! Wenn er

uns doch mit so einem Giftzeugs ohnmächtig machte.
Wir sind alle dabei, als die Polizisten den Zeitungsreportern und Fotografen genau erzählen, wie sie den Bösewicht schnappten.
Und dann sagt der Kommissar: „Bei der Lösung des Falles war ein kleiner Hund namens Krümel äußerst hilfreich. Deshalb verleihen wir diesem vierbeinigen Pfiffikus den Ehrentitel ‚Kommissar Krümel'!“ Wau! Jetzt hängen sie mir doch eine Kette aus lauter Würstchen um den Hals! Solch einen schmackhaften Kommissar-Krümel-Ehrenrummel lasse ich mir sehr gerne gefallen!

Zottel verirrt sich

In einem fernen Land mit dem Namen Kanada gibt es hohe Berge, tiefe Wälder und Seen. Seen gibt es dort so viele, daß man sie gar nicht zählen kann. An einem dieser Seen spielt die Geschichte von Zottel, dem kleinen Bären. Vor langer Zeit hatte dieser See einen Namen. Weil aber heute weder die Indianer noch die Holzfäller oder Waldläufer den Namen dieses geheimnisvollen Sees kennen, heißt er einfach der „Namenlos-See".

An diesem Namenlos-See ging eines schönen Tages ein dicker, brauner Bär mit seiner Frau am

Ufer entlang. Zwischen Papa Bär und Mama Bär trottete ein Bärenbaby. Sein Fell hatte eine Farbe wie Zimt. Es war so wuschelig und zottelig, daß die Bäreneltern den kleinen Kerl liebevoll Zottel nannten. Mama Bär sagte: „Die Blaubeeren an diesem See sind die süßesten, die ich jemals genascht habe!"

Papa Bär meinte schmatzend: „Donnerwetter, das ist wahr! Süßere Blaubeeren gibt es nicht!" Und der dicke Bär mampfte und grunzte vor Vergnügen. Auch Zottel versuchte, die Beeren von

den Büschen zu knabbern. Mama Bär drückte mit ihren Tatzen die Zweige so tief herab, daß der Kleine die Früchte erreichte.
Unter riesigen Felsbrocken, die von Tannen geschützt wurden, fand die Bärenfamilie eine Höhle. „Donnerwetter aber auch“, brummte Papa Bär, „hier bleiben wir!“
Er kuschelte sich in die dicken Moospolster und schnarchte bald fürchterlich.
Auch Zottel fühlte sich wohl in der behaglichen Bärenhöhle. Er wagte sich jeden Tag ein Stückchen weiter weg von seinen Eltern. Am liebsten kletterte Zottel auf die höchsten Felsklötze. Staunend blickte er von oben auf den See.
„Der ist ja riesig!“ rief er aus. Im See lagen Inseln, und er sah auch eine Lichtung im Wald, wo Blumen blühten. Zottel jubelte: „Eine Wiese! Da will ich hin!“
Der Weg zu der Waldwiese war aber länger, als sich der kleine Bär vorgestellt hatte. Außerdem lenkte ihn immer wieder etwas Aufregendes und Neues ab. Da sprangen zum Beispiel plötzlich zwei Streifenhörnchen auf einen tiefhängenden Ast und schimpften laut. Zottel erschrak tüchtig bei dem Gezeter. „Wer seid ihr denn?“ fragte er. „Wir sind Tschippi und Strippi“, sagte einer der pfiffigen Gesellen, und das andere Streifenhörnchen

neckte Zottel: „Wer von uns aber Strippi und wer Tschippi ist, verraten wir nicht!“
Zottel hätte die flinken Tierchen wirklich nicht unterscheiden können. „Ihr seid ganz schön frech“, sagte der kleine Bär. „Und du polterst durch den Wald, als seist du ein Bär“, erwiderte Tschippi. Oder war es Strippi?
Zottel erwiderte beleidigt: „Ich bin ja ein Bär!“ Und wie Papa Bär schimpfte er: „Zum Donnerwetter!“
Da riefen die Streifenhörnchen: „Ein Bär willst du sein? Du bist doch noch ein Babybär!“ – Und Tschippi hopste auf Zottels Kopf, zupfte ihn am Ohr, und husch! saß er wieder auf dem tiefhängenden Ast. „Na warte, das werde ich meinem Vater sagen! Der ist ein richtiger großer Bär!“

Zottel stellte sich auf die Hinterbeine, machte sich so groß und dick wie er nur konnte und versuchte zu brummen wie Papa Bär. „Und der frißt euch dann auf!" drohte der den frechen Kerlen auf dem Ast. Die kicherten nur. Da hörte der kleine Bär eine helle Stimme: „Tschippi! Strippi! Wollt ihr wohl aufhören, den kleinen Bären so zu ärgern!"

Die beiden Streifenhörnchen zwitscherten honigsüß: „Ja, liebe Mama." Doch kaum gesagt, hopste diesmal Strippi auf Zottels Kopf und zupfte ihn am anderen

Ohr. Da kam die Streifenhörnchenmutter vom Baum gesaust, packte die frechen Kinder und schimpfte: „Vor lauter Übermut wißt ihr nicht, was ihr tun sollt! Sammelt lieber Nüsse für den Winter! Hopp, verschwindet!“ Und zu Zottel sagte sie: „Sei nicht beleidigt, kleiner Bär! Tschippi und Strippi wissen noch nicht, wie schnell und gefährlich ein großer Bär sein kann.“
Zottel fand die Streifenhörnchen richtig lieb und sagte darum: „Ist gut, ich sage Papa nichts.“ Fröhlich setzte er seinen Weg durch den Wald fort. Die Bäume wuchsen immer höher. Der Wald wurde immer düsterer, nur die Wiese fand er nicht. Zottel aß leckere Beeren. Bald verspürte er aber richtigen Hunger. Es mußte schon recht spät sein. Wo war nur die Wiese? Wo war überhaupt der See? Es wurde bereits dunkel. Ängstlich blieb Zottel stehen und schaute nach oben. Er sah nur riesige, hohe, düstere Bäume. Der kleine Bär war zu tief in den Wald gelaufen und hatte sich verirrt.
Verzweifelt setzte er sich hin. Er wußte nicht mehr, aus welcher Richtung er gekommen war. „Was soll ich nur tun?“ grübelte er und bekam auf einmal Angst. „Mama!“ rief er. Doch nur der Wind rauschte durch die Wipfel der Bäume. „Papa!“ rief er in den unheimlichen Wald. Doch die Eltern hörten das Jammern des Bärchens nicht.
Das Bärenkind fing an zu weinen. Da knackste es plötzlich im Gebüsch. Ängstlich horchte Zottel in den Wald hinein. Nichts mehr!

Doch da! Ein Rascheln! Dann wieder unheimliche Stille. Dem kleinen Bären sträubte sich vor Angst das zottelige Fell. Abermals knisterte es im Gebüsch.
Und dann sah Zottel, wie ein komisches Tier auf ihn zu watschelte. Er wußte nicht, ob er vor diesem unbekannten Wesen davonlaufen sollte oder nicht. Da blieb jedoch der merkwürdige Waldbewohner erschrocken stehen, schnüffelte und rief: „Huch! Ein kleiner Bär! Na so was, kaum zu glauben!“ – Und er raschelte und plusterte sich auf, so daß Zottel im Dämmer-

licht erkannte, daß das Fell des Tiers aus lauter spitzen Stacheln bestand. „Bist du ein Stachelschwein?" fragte Zottel furchtsam. „Ja, ich bin ein Stachelschwein", entgegnete das seltsame Tier und ließ sein Stachelkleid drohend rascheln. Zottel jammerte: „Liebes Stachelschwein, bitte, tu mir nichts! Ich bin doch nur ein kleiner Bär!" Das Stachelschwein erwiderte: „Ist schon gut, ich sehe ja, daß du harmlos bist. Was tust du eigentlich so spät allein im Wald?" Da erzählte Zottel dem merkwürdigen Waldbewohner schluchzend

von seinem Mißgeschick. „Ich habe mich verlaufen..."
Da bekam das Stachelschwein Mitleid mit dem kleinen Bären und sagte: „Na, dann lauf mal hinter mir her, ich werde dir den Weg zurück zum See zeigen! Wir Stachelschweine finden unseren Weg sogar in einer kohlrabenschwarzen Nacht, wenn weder Mond noch Sterne leuchten." Während das stachelige Tier vor Zottel dahinwatschelte, schimpfte es: „Verirrt sich einfach so im Wald! Kaum zu glauben! Kaum zu glauben..."
Das Bärenkind stolperte hinter dem Stachelschwein durch den nächtlichen Urwald. Dann hörten sie mit einemmal fernes Rufen: „Zooottel!"
„Das werden deine Eltern sein. Da kann ich ja nun verschwinden. Mach's gut, kleiner Bär!" sagte das Stachelschwein, und Zottel antwortete: „Vielen Dank, daß du mir so freundlich geholfen hast!"
Als Mama Bär ihren Zottel endlich gefunden hatte, konnte sie vor lauter Glück gar nicht mehr schimpfen. Nur Papa Bär wollte dem kleinen Bären tüchtig eins hinter die Ohren hauen. Als er aber sah, wie Zottel schluchzend in Mama Bärs Armen lag, wurde aus der beabsichtigten Ohrfeige nur ein liebevoller Klaps. „Na ja", brummte er, „das kann schon mal passieren, daß man nicht mehr weiß, wo man ist. Im Wald muß man sich eben genau merken, wo man entlanggegangen ist. Dann findet man auch wieder den Weg zurück!"
Zottel hat sich auch nie wieder im kanadischen Wald verirrt...

Zottel begegnet dem König der Wälder

Zottel, der kleine zimtfarbene Bär vom Namenlos-See, mußte viel lernen, um im kanadischen Wald zurechtzukommen. So war er eines Tages wieder mal ziemlich weit um den See gelaufen. Er

hatte vor, endlich zu der lockenden schönen Waldwiese am anderen Ufer des Sees zu gelangen. Als er aber durch einen lieblichen Birkenhain wanderte, bekam er Lust, auf einen dieser Bäume zu klettern. In einer Astgabel setzte er sich bequem zurecht und freute sich über den herrlichen Ausblick. Über einer der nahen Inseln kreiste ein Fischadler. Er konnte sogar das Nest der Adlerfamilie erkennen, das auf dem abgebrochenen Wipfel einer Fichte gebaut worden war. In diesem großen Horst sitzen bestimmt die jungen Fischadler und warten auf Futter, dachte der kleine Bär ganz richtig. Etwas später sah Zottel eine Schar Gänse, die mit viel Geschnatter auf dem Wasser landete. Es waren Kanada-Graugänse. Papa Bär hatte ihm das erklärt.

Was aber nun geschah, davon hatten ihm weder Papa noch Mama etwas erzählt. Der kleine Bär hörte nämlich ein äußerst seltsames Geräusch. Woher kam es nur? Und was hatte es zu bedeuten? Er hörte die schnatternden Graugänse. Irgendwo zankten sich ein paar freche Streifenhörnchen, und die Vögel zwitscherten fröhlich. Nur dieses fremdartige „Raff-raff-raff!“, wo kam das bloß her! Da spürte Zottel ein Zittern durch den Baum laufen. Erschrocken schaute er nach unten und erblickte ein Tier, das er nie zuvor gesehen hatte. Es saß auf einem ganz flachen Schwanz und war eifrig dabei..., ja, das durfte doch wohl nicht wahr sein! Dieser verrückte Geselle war tatsächlich dabei, die Birke, auf der Zottel saß, umzulegen. Mit seinen langen Vorderzähnen hobelte er – raff- raff-raff! – am schlanken Stamm der Birke.

„He! Aufhören!“ rief Zottel. Doch unbekümmert hobelte und nagte der Kerl weiter, und der Baum fing bereits an zu schwanken.
„Hallo, Sie komischer Waldschrat! Was soll das denn!“ schrie Zottel. Unbeirrt arbeitete der fleißige Geselle weiter, daß die Späne flogen. Nun brüllte Zottel aus Leibeskräften: „He, Sie wildgewordener Hobelheini, hier oben sitzt doch jemand!“
Da hörte das Tier endlich auf, seine Nagezähne in den Stamm zu schlagen. Verdutzt schaute es nach oben und sagte: „Tut mir leid, kleiner Bär, konnte ich doch nicht ahnen, daß du oben im Baum

hockst. Ich brauche frische Äste für unsere Biberburg."
„Ach, Sie sind also ein Biber?" fragte Zottel höflich von oben.
„Richtig, kleiner Bär, ich bin ein Biber. Ich heiße übrigens Max. Kannst ruhig du zu mir sagen."
Und er grinste freundlich nach oben, so daß Zottel die riesigen Nagezähne sehen konnte.
Der kleine Bär versuchte, vorsichtig vom Baum zu klettern. Aber kaum rührte er sich, fing die Birke an, sich gefährlich zu neigen. Max, der Biber, schrie: „Halt dich fest!"
Der Stamm ächzte und knirschte und legte sich immer schräger über das Ufer des Sees. Da rief Max: „Timber!", wie das alle Holzfäller in Kanada tun, wenn ein Baum umfällt. Zottel jedoch schrie: „Hilfe!!!", die Birke knackste und splitterte und fiel krachend in den See. Hoch spritzte das Wasser auf. Dann hörte man ein Prusten und Schnauben, als Zottel unversehrt auftauchte und rasch zum Ufer schwamm. Dort stand Max und grinste fröhlich. „Mann! Da haben wir ja noch einmal Glück gehabt, was?"
So erfuhr Zottel jeden Tag mehr über das Leben im Wald und seine Bewohner. Er stromerte und strolchte kreuz und quer durch das Gelände, ohne sich zu verirren. Natürlich erreichte er auch die Wiese, die fast am anderen Ende des Namenlos-Sees lag.
Als er wieder einmal an diesem lieblichen, sonnigen Flecken zwischen Wald und Seeufer ankam, packte ihn eine solche Lebenslust, daß er anfing, Purzelbäume zu schlagen. Ach, war das Leben

schön! Schließlich war Zottel so müde, daß er sich zwischen die duftenden Waldblumen legte und sein Fell von der Sonne bescheinen ließ. Ein Brummer kam angeflogen und setzte sich prompt auf Zottels knubbelige Nase. Für die Fliege war diese Nase ein herrlicher Aussichtspunkt. Zottel aber wollte schlafen. Müde wischte er sich übers Gesicht. Die lästige Fliege flog hoch – und setzte sich wieder auf Zottels Nase. „Hau ab, du blöder Brummer!“ schimpfte Zottel. Er schnaufte durch die Nase, versuchte sie kraus zu machen. Die Fliege fand das komisch und blieb sitzen. Da schimpfte er

wieder: „Nun verschwinde aber endlich! Du kitzelst mich, du – ha – ha – ha-tschiiie!“
Das war zuviel für den Brummer. Entsetzt flog er davon. Aber kaum hatte sich Zottel im Wiesengras erneut bequem zurechtgekuschelt, saß die aufdringliche Fliege abermals auf Zottels putziger Babynase. Sollte er wieder niesen? Auf Kommando klappte es aber leider nicht. Zottel mußte sich damit abfinden, daß das schöne Leben durch eine aufdringliche Brummfliege ein bißchen getrübt wurde. Ärgerlich nuschelte er noch: „Du lästiger, sturer, blöder dicker Brummer...“ Dann schlief er ein. Obwohl der fette Brummer auf Zottels Knopfnase seine Beine putzte, seine Flügel säuberte, Turnübungen und dumme Späße machte, schlief der kleine Bär tief und fest.

Mit einem Male flitzte der lästige Brummer davon. Ein Schatten fiel über Zottel. Er spürte die wärmende Sonne nicht mehr auf seinem Pelz und wachte auf. Er öffnete die Augen, blinzelte, schloß sie wieder und dachte: „Das kann nur ein Traum sein...“
Als Zottel die Augen wieder öffnete, mußte er erkennen, daß es Wirklichkeit war, was da über ihm stand: ein riesengroßer Elch! Nun muß man wissen, daß der Elch der König der Wälder genannt wird. Er ist der mächtigste Hirsch der Welt und groß wie ein Pferd. Vor seinem gewaltigen Schaufelgeweih hat sogar der gefürchtete Grizzlybär Respekt. Wieviel mehr müssen die kleineren Schwarzbären, wie Papa Bär, Mama Bär und Zottel vor dem starken Elch Furcht haben! Und solch ein furchteinflößender Riese stand nun über dem kleinen Zottel und schaute aus neugierigen Augen herab. Dabei wackelten seine dicke Oberlippe und sein langer Bart, so daß der König der Wälder ein bißchen tolpatschig aussah. Zottel hätte sicherlich gelacht, wenn er auf einem hohen Baum gesessen hätte. Doch er lag auf der Erde, dem mächtigen Elch hilflos ausgeliefert. Zottel wollte vor Angst sterben. Da fragte der Elch mit einer weichen, tiefen Stimme: „Kleiner Bär, warum zitterst du so?“

Zottel wimmerte: „Ich habe Angst.“ „Du hast Angst?“ fragte der Elch verwundert. „Aber warum denn? Ich bin doch nur ein Elch, du aber bist ein Bär.“

„Ein ganz kleiner, lieber Bär“, fiepste Zottel und versuchte, sich so winzig wie möglich zu machen.

Da erklärte ihm der große Elch: „Ach, weißt du, kleiner Bär, wir Elche sind zwar die Könige der kanadischen Wälder. Wir sind riesig und stark. Doch wir sind harmlose Gesellen. Wir knabbern am liebsten leckere Gräser, die im See wachsen. Und vor Bären ha-

ben wir Respekt, denn bereits als Kinder haben wir gelernt, den Bären aus dem Weg zu gehen."

Da sagte Zottel: „Dann brauche ich also gar keine Angst vor dir zu haben, sondern du mußt Angst vor mir haben?" Der König der Wälder lachte und sagte: „Schau dir mal mein Geweih an!"

„Auweia!" sagte da Zottel respektlos, „das sind ja Wahnsinnsapparate! Da könnte man ja fast drin liegen wie in einer Hängematte!"

Der Elch nahm den vorwitzigen Bären beim Wort, schaufelte ihn auf sein Geweih und watete in den Namenlos-See...

Es muß wirklich ein märchenhafter Anblick gewesen sein, der sich den Tieren am See darbot. Den frechen Streifenhörnchen Tschippi und Strippi blieb vor Schreck schier das Herz stehen. Der Fischadler traute seinen scharfen Augen nicht mehr. Die schnatternden Graugänse verstummten in ungläubigem Staunen. Und Max, der Biber, rief seine ganze Familie auf die Biberburg, damit sie seinen Freund Zottel bestaunen konnten.

Als der kleine Bär nach Hause wanderte, war er noch ganz schwindelig vor Aufregung über sein Erlebnis. Er spürte, wie die Tiere des Waldes bewundernd auf ihn schauten.

Als er seinen Eltern die Begegnung mit dem Elch erzählte, schrie Mama Bär entsetzt auf: „Du meine Güte, unser Zottel hat Fieber!"

Papa Bär brummte grimmig: „Erzähl uns mal keinen Quatsch, zum Donnerwetter, sonst steck' ich dich ins Stinktierloch!"

Da sagte Mama Bär: „Sei mal still! Hör doch einmal!“
Die Graugänse schnatterten aufgeregt durcheinander. Papa Bärs Augen wurden immer größer, als er hörte, wie die Graugänse sich gegenseitig Zottels Abenteuer mit dem König der Wälder erzählten. „Donnerwetter aber auch!“ konnte er da nur noch sagen und tätschelte den kleinen Bär liebevoll, der sich zufrieden in die Moospolster kuschelte und glücklich lächelnd einschlummerte.

Zottel und der Grizzly

Am Namenlos-See zog jene Jahreszeit ins Land, die man in Kanada „Indianersommer“ nennt. Zottel, der kleine Bär, empfand die Nächte schon als ziemlich kühl. Doch die Tage waren noch sommerlich warm und leuchteten in prächtigen Farben. Der Himmel war tiefblau, die Ahornbäume bekamen ein rotes Blätterkleid, und die Birkenblätter färbten sich goldgelb. In diesen herrlichen Herbsttagen schwelgten die Tiere am Namenlos-See noch mal kräftig in den Früchten des Waldes. Der Winter war nicht mehr weit, und wenn Kanadas Wälder zugeschneit sind, dann verkriechen sich die Bären in ihre Höhlen und machen einen langen Winterschlaf.

In dieser farbenprächtigen Jahreszeit sollte Zottel sein gefährlichstes Abenteuer bestehen.

Von den fernen Bergen, wo es bereits zu schneien begonnen hatte, war ein gewaltiger Grizzlybär bis zum Namenlos-See gezogen. Die plötzliche Kälte hatte ihn vertrieben. Griesgrämig und streitsüchtig polterte er durch den Wald. Ängstlich zogen sich die kleineren Tiere in ihre Schlupfwinkel zurück. Der Graubär war hungrig, er hatte noch nicht genug Speck angesetzt, um sich zum Winterschlaf hinzulegen. Deshalb schlug er am Seeufer mit seinen krallenbewehrten Tatzen wütend ins Wasser und holte sich Fische heraus, die er gierig verschlang. Als der Grizzly

keine Fische mehr fangen mochte, trottete er weiter, um etwas Leckeres zum Nachtisch zu suchen. Bald entdeckte er eine jener Stellen, wo Büsche voller praller, blauschwarzer Beeren am Ufer standen. Eine süße Duftwolke schwebte über den Blaubeersträuchern, so daß dem Graubären das Wasser im Maul zusammenlief. Vor Wonne verdrehte er die Augen und rief: „Das ist das Richtige gegen meinen Bärenhunger!"
Zur selben Zeit, während der grauhaarige Grizzlybär schmatzend die Blaubeeren in sich hineinfraß,

wanderte Zottel mit Mama Bär und Papa Bär heimwärts. Der kleine Bär trödelte ein bißchen hinterher, weil er mit all seinen Freunden im Wald ein paar Worte wechselte. So traf er die Streifenhörnchen Tschippi und Strippi, und auch dem Stachelschwein begegnete er, und alle riefen ihm warnend zu: „He, Zottel, paß gut auf, da ist ein Grizzlybär an unserem See!"
Just in diesem Augenblick hörte er ein bösartiges Grollen. Zottel fing an zu laufen, als er auch schon Mamas angstvolle Stimme vernahm: „Zottel, wo bist du? Komm schnell!"
Der kleine Bär erreichte die Stelle mit den Blaubeerbüschen – und erstarrte vor Schreck. Hochaufgerichtet stand da ein Ungetüm von Grizzlybär und ging auf Papa Bär los...
„Verschwindet hier, ihr Schwarzbärengesindel, oder ich mach' Kleinholz aus euch!" grollte der Grizzly, der genau zwischen Zottel und seinen Eltern stand. Papa Bär stellte sich ebenfalls auf die Hinterbeine und warnte den grauen Riesen: „Donnerwetter aber auch! Werden Sie nicht frech, Sie dahergelaufener Graubär! Wir sind eine anständige Schwarzbärenfamilie und haben nichts dagegen, wenn ein hungriger Vetter aus den Bergen kommt, um sich hier sattzuessen. Aber wir lassen uns weder beschimpfen noch bedrohen! Ist das klar!?"
Zottel staunte. Eine so lange Rede hatte Papa Bär lange nicht mehr gehalten. Vorsichtig wollte er an dem Riesenkerl von Grizzlybär vorbeischleichen, als dieser anfing zu toben. „Unverschämter Wicht!" brüllte er und ging auf Papa Bär los. Mit seiner rechten Tatze holte er weit aus. Entsetzt sah Zottel die schrecklichen Krallen. Mama Bär schrie verzweifelt auf.
Doch Papa Bär duckte sich und sauste zur Seite, als der Grizzly zuschlug. Weil nun der Schlag mit voller Wucht in die Luft ging, wurde der wilde Graubär von seiner eigenen Kraft zu Boden geworfen.

Trotz der gefährlichen Situation konnte Zottel ein schadenfrohes Lachen nicht unterdrücken. Das aber hörte der wütende Grizzlybär. Er erhob sich, sah den kleinen Bären hinter sich und brüllte: „Du Zottelzwerg wagst es, mich auszulachen?! Mich, den wilden Graubären, vor dem sich alle Tiere vor Schrecken und Ehrfurcht verkriechen?“

Und er stürzte sich auf Zottel, brüllend, mit drohend erhobenen Tatzen. Abermals schrie Mama Bär angstvoll auf, als sie diesmal mitansehen mußte, wie ihr Kind vom

schrecklichen Grizzlybär angegriffen wurde. Papa Bär rief: „Lauf, Zottel, lauf!" – Und Zottel lief, so schnell er konnte.

Aber ach! Der kleine Bär mochte noch so flink davonwuseln, der bösartige Graubär holte ihn in kürzester Zeit ein. Da fing Zottel an, Haken zu schlagen. Er flitzte nach links, flitzte nach rechts, und der schwerfällige Grizzly polterte dann immer wieder geradeaus in die Blaubeerbüsche. Das machte den riesenhaften Grobian immer noch zorniger. Er kochte jetzt regelrecht vor Wut.

Mittlerweile hatte sich Mama Bär von ihrem lähmenden Schrecken erholt. Sie sah, in welcher Gefahr ihr lieber, kleiner Zottel schwebte. Sie sah aber auch, wie furchterregend der tobende Grizzly war. Doch eine Bärenmutter, die ihr Bärenbaby verteidigt, ist noch viel schreckenerregender als alle wildgewordenen Brummbären zusammen! Während nun Zottel wie verrückt hin und her flitzte und der grimmige Graubär die Büsche zerfetzte, faßte sich Mama Bär ein Herz – und griff den Vetter aus den Bergen an. Wie eine dicke, braunschwarze Kugel sauste sie gegen den Grizzlybär und rammte ihm mit aller Kraft ihren Kopf in den Bauch. „Wumm!!!" machte es – und in einem hohen Bogen flog der grauhaarige Schrecken der Wälder in die Büsche und landete auf dem Rücken!

In der Zwischenzeit hatten sich, vom Lärm der streitenden Bären angelockt, die Tiere vom Namenlos-See näher und näher geschli-

chen. Als nun der Grizzly hilflos auf dem Rücken lag und richtig dumme Augen machte, lachten alle Tiere ihn herzhaft aus.
Der Graubär richtete sich jedoch wieder auf und zitterte vor Zorn. Er rollte die Augen, fuchtelte mit den Tatzen und machte allen klar, wie schrecklich und schäumend seine Bärenwut jetzt war. Da rief Tschippi, das Streifenhörnchen, von einer hohen Tanne mit frecher Stimme: „Jetzt flippt er aus!"
Strippi jedoch schrie: „Zottel, schnell, kletter zu uns auf den Baum!" Schwarzbären, vor allem

so flinke Kerlchen wie Zottel, können nämlich ausgezeichnet klettern.

Die viel schwereren Graubären aber kommen auf keinen Baum hinauf. Als nun Zottel in Windeseile auf die Tanne zu den Streifenhörnchen kletterte, mußte der Grizzly erkennen, daß er das Spiel verloren hatte. Zwar zerfetzte er die Rinde des Baumes, grollte und brummte und schlug drohend nach oben. Doch Zottel saß sicher auf einem Ast.

Jetzt brachen die Tiere in ein Freudengeheul aus. Alle hatten sich

doch um den netten kleinen Bären Sorgen gemacht. Und weil der Grizzly nun genug Ärger gemacht hatte, gingen sie mit vereinten Kräften auf ihn los.

Mutig jagte das Stachelschwein dem Raufbold ein paar spitze Stacheln in den Pelz.

Biber Max klatschte laut mit seinem breiten Schwanz.

Die Streifenhörnchen schäkerten und schimpften, und die Graugänse trompeteten mit weit vorgereckten Schnäbeln ohrenbetäubend.

Der Fischadler stürzte sich auf den Bösewicht, der Elch senkte drohend sein Schaufelgeweih. Sogar der Wolf heulte aus der Tiefe des Waldes, um den grobschlächtigen Kerl einzuschüchtern.

Als sich der Graubär einer solch überwältigenden Übermacht gegenübersah, gab er es auf, den Schrecken der Wälder zu spielen, und trollte sich.

Diesen Augenblick nutzten Miefi und Muffel, die Stinktiere, und spritzten dem fliehenden Grizzly eine tüchtige Ladung aus ihren Stinkdrüsen hinterher. Alle waren froh, den Ruhestörer vertrieben zu haben!

Nun dauerte es nicht mehr lange, und es wurde auch am Namenlos-See Winter.

Als Zottel eines Morgens aus der Bärenhöhle kroch, sah er, daß es geschneit hatte. Der See war zugefroren, und der Wald lag unter einer Schneedecke.

Papa Bär schaute ebenfalls aus der Höhle und brummte nur sein übliches: „Donnerwetter aber auch!“ Mama Bär sagte schließlich: „Tja, es ist Winter. Wir haben gut vorgesorgt, sind dick und rund und haben Fett auf den Rippen. Also nichts wie hinein in die kuscheligen Moospolster. Wir schlafen jetzt bis zum Frühling!“

Zottel, der zimtfarbene kleine Bär vom Namenlos-See, warf noch einen letzten Blick auf die verschneite kanadische Wildnis, kroch in die Bärenhöhle und schlief einen langen, gesunden Winterschlaf...

Zottel und die Stinktiere

Der kleine Bär Zottel erlebte manch aufregendes Abenteuer

am Namenlos-See im fernen Land Kanada. Allerdings gab es auch lagweilige Tage. Mitunter regnete es tagelang in Strömen, und man konnte nur in der Bärenhöhle liegen. Zuweilen zog dichter Nebel über den See. Das war dann nicht ganz so langweilig, denn die Nebelschwaden bildeten gespenstische Figuren. Zottel, der kleine zimtfarbene Bär, sah dann Riesenelche und Grizzlybären miteinander kämpfen. Oder er sah unheimliche Gespenster sich gegenseitig verschlingen. Kam dann Wind auf, so wurde der Spuk im Handumdrehen auseinandergeweht. Ab und zu drohte Papa Bär dem kleinen Bären, wenn er ungezogen war: „Donnerwetter, ich steck dich gleich ins Stinktierloch!“ Was das bedeuten sollte, wußte Zottel nicht, denn er hatte bislang weder ein Stinktierloch noch ein Stinktier zu Gesicht bekommen. Zottel war wieder einmal dabei, vergnügt durch den Wald zu strolchen, als er ein fürchterliches Gezeter hörte. Vorsichtig schlich er näher und erblickte zwei kleine, schwarzweiß gestreifte Tiere mit buschigen Schwänzen, die sich gegenseitig wüst beschimpften. Das konnte Zottel nicht mehr mit anhören und rief: „He, ihr zwei, hört sofort auf, euch anzukeifen!“ Nun aber zogen die streitsüchtigen Burschen über den

Bären her. „Jetzt seid aber mal friedlich, ihr komischen Giftzwerge, und verratet mir mal lieber, wer ihr eigentlich seid!“ sagte Zottel. Da schrie einer der beiden frechen Kerle:
„Hast du das gehört! Dieser trottelige, zottelige Teddybär hat noch kein Stinktier gesehen!“

Keck stellten sich die beiden Stinktierkinder vor Zottel und prahlten: „Wir sind Miefi und Muffel, du Watschelbär! Und wenn du nicht gleich verschwindest, dann stinken wir dich ein!“ Zum Glück kam Papa Stinktier aus dem Stinktierloch gekrochen und schimpfte: „Miefi! Muffel! Sofort hierher!“

„So was Blödes", meckerte Muffel, „jetzt hätten wir endlich mal jemanden anstinken können!"
„Ja", maulte Miefi, „nie dürfen wir stinken, wenn wir Lust haben!" Da sagte Papa Stinktier: „Nun reicht es mir aber! Wie oft muß ich euch noch erklären, daß wir Stinktiere friedliebende Geschöpfe sind! Weil wir klein und nicht so stark wie Bären, Wölfe oder Elche sind, haben wir als einzige Waffe unsere Stinkdrüse unterm Schwanz. Damit können wir große und gefährliche Tiere abschrecken, wenn sie uns etwas Böses antun wollen. Habt ihr kleinen Stinker das nun endlich kapiert?"

„Ja, Papa", murmelten Miefi und Muffel schuldbewußt.
Zu Zottel gewandt sagte der Stinktiervater: „Du mußt vorsichtig sein, kleiner Bär, und uns Stinktieren nicht zu nahe kommen. Wir sind recht nervös und schreckhaft. Mancher wurde schon aus Versehen mit einer Ladung Gestank überschüttet und mußte sich wochenlang verstecken, weil keiner seine Nähe ertragen konnte."
Nachdenklich ging Zottel von dannen. Er grübelte über die Stinktiere nach. Irgendwie waren sie schon drollig, mit ihren Knopfaugen und den glänzenden Knubbelnasen. Und das schwarzweiße Fell fand

der kleine Bär richtig hübsch. „Ich hätte auch gerne so ein hübsches Fell“, murmelte er. Als Zottel über einen umgestürzten Baumstamm kletterte, erblickte er einen Wolf. Von Mama Bär hatte er gelernt, daß er vor Wölfen keine Angst zu haben brauchte. Doch dieses Tier schien ihm sehr ausgehungert zu sein. Alarmiert erkannte Zottel, daß sich der Wolf mit gierigen Augen an die Stinktierfamilie heranschlich. Die beiden Stinktierkinder waren zwar ganz schön frech gewesen, doch vom Wolf gefressen zu werden, nein, das wollte Zottel nicht zulassen. Er stellte sich auf die Hinterbeine und brüllte laut: „Miefi! Muffel! Paßt auf, der Wolf ist hinter euch her!“ Was nun geschah, passierte in Blitzesschnelle. Der hungrige Wolf riß seinen Rachen auf, so daß Zottel die scharfen, spitzen Zähne sehen konnte. Knurrend stürzte er sich auf die Stinktiere. Papa Stinktier, Miefi und Muffel aber drehten sich um und hoben ihre buschigen Schwänze. Muffel machte sogar einen Handstand. Gleichzeitig fauchten sie den Angreifer böse an. Der Wolf stutzte, begriff aber die Warnung nicht. Als er weiterhin knurrend auf die Stinktierfamilie losging, spritzten Papa Stinktier, Miefi und Muffel eine dreifache Ladung auf den Wolf. Dieser heulte auf, als ihn die gräßlich stinkende Sprühwolke traf. Vor Angst klemmte er den Schwanz ein und raste jaulend davon. Ein entsetzlicher Gestank umhüllte ihn, so daß man noch viele Wochen danach den Wolf meilenweit riechen konnte.

Seit jenem Tage wußte Zottel, was es für eine Bewandtnis mit dem Stinktierloch hatte. Allerdings wurde er nie zur Strafe dort hineingesteckt. Sicherlich hätten sich das die Stinktiere auch gar nicht gefallen lassen. Und wenn man es sich einmal ganz genau überlegt, das würde ja gar nicht funktionieren: Selbst ein kleiner Bär ist schon viel zu groß und dick, um in ein Stinktierloch hineinzupassen! Zottel stromerte durch die Umgebung des Namenlos-Sees. Da hörte er aus der Ferne ein merkwürdiges Wimmern. Neugierig ging er dem Geräusch nach. Schließlich kam er zu einem hohlen Baum,

aus dem es entsetzlich heraustönte. Als er um den Baum herumging, entdeckte er Miefi, der wie verrückt an etwas zog.
„Was machst du denn da?“ fragte der kleine Bär das Stinktierkind. Miefi drehte sich um, und da sah Zottel, daß es Muffels Schwanz war, an dem Miefi gezogen hatte. Und Muffel steckte mit seinem Kopf in einem Loch des Baumes. Aus dem hohlen Stamm hörte man Muffel verzweifelt jammern: „So zieh mich doch endlich raus!“ Miefi schimpfte: „Ich zieh ja schon wie verrückt! Gleich hab' ich dir deinen Schwanz ausgerissen!“ Aus dem Baum klang das Geschrei Muffels: „Aua! Aua! Reiß mir nicht meinen Schwanz aus!“ Ratlos sagte Miefi zum kleinen Bären: „Ich kann doch meinen

Bruder nicht einfach in dem Baumloch stecken lassen!“
Da bekam Zottel Mitleid und sagte: „Laß mich mal versuchen!“ Und der Kleine zog nicht an Muffels Schwanz, er umfaßte vielmehr mit seinen starken Tatzen das ganze Stinktierkind. Sachte zog er – und mit einem Ruck befreite er Muffel aus der Klemme.
Die Stinktiere bedankten sich überschwenglich beim kleinen Bären und sagten: „Sei uns bitte nicht mehr böse wegen neulich! Du bist wirklich ein lieber Bär und ein hilfsbereiter Freund!“
„Ist schon gut“, winkte Zottel ab und fragte Muffel neugierig: „Was wolltest du denn eigentlich in dem hohlen Baum?“ Muffel antwortete: „Ich wollte den Bienen etwas Honig stibitzen. Zum Glück war aber kein Bienennest in dem Baum, sonst wäre ich ganz schön zerstochen worden!“
Zottel, der kleine zimtfarbene Bär, hatte eine Menge Freunde am Namenlos-See. Nicht nur Miefi und Muffel waren jetzt immer nett zu ihm, auch die frechen Streifenhörnchen Tschippi und Strippi grüßten ihn stets voller Bewunderung. Hin und wieder begegnete Zottel auch Max, dem Biber. Sie plauderten dann immer ein Weilchen. Den großen Elch mit seinem majestätischen Geweih sah Zottel

nur aus der Ferne. Meistens am frühen Morgen, wenn der König der Wälder im See stand und zarte Wasserpflanzen suchte. Dann zog allmählich jene Zeit ins Land, die man in Kanada „Indianersommer" nennt. In diesen herrlichen Herbsttagen schwelgten die Tiere am Namenlos-See noch mal kräftig in den Früchten des Waldes. Der Winter war nämlich nicht mehr weit, und wenn Schnee und Eis die kanadischen Wälder zudekken, dann verkriechen sich die Bären in ihre Höhlen und halten einen langen Winterschlaf.

Trippeltrappel, der wahnwitzige Tausendfüßler

Es ist wahrhaftig nicht verwunderlich, daß Conni und Sebastian Trippeltrappel in Omas Garten aufstöbern. Wo sonst sollte sich ein Tausendfüßler aufhalten? Omas Garten ist nämlich ein Wunder an bunter Blumenpracht und überquellendem Pflanzenwuchs. Die Nachbarn spotten stets: „Das ist kein Garten, das ist ein alternativer Dschungel!“
Oma lächelt nur darüber. Doch Opa schimpft: „Was soll das hei-

ßen? Betoniert doch eure Gärten zu, wenn euch die grüne Natur so anekelt!" Dann ist Opa wieder friedlich, läßt Oma die schwere Gartenarbeit tun und guckt Fußball im Fernsehen oder Biene Maja... Jedenfalls ist Omas Garten ein Tummelplatz für allerlei Kreatur, und ein Tausendfüßler wie Trippeltrappel kann sich deshalb nur dort wohl fühlen.

Als Conni und Sebastian in einem Laubhaufen eine Spielhütte bauen wollen, schaut zwischen den welken Blättern ein merkwürdiger Kopf hervor. „Was ist denn das?" kreischt Conni erschrocken. Da blinkert der Kopf mit den Augen, schaut die Kinder treuherzig an und sagt leise: „Ich bin Trippeltrappel..."

„Was hat er gesagt?" fragt Sebastian und rückt vorsichtig etwas näher.

„Ich bin Trippeltrappel, der wahnwitzige Tausendfüßler", sagt da der treuherzig guckende Kopf etwas lauter.

„Ein Tausendfüßler?" fragt Conni, und Sebastian murmelt: „Ein Was-für-ein-witziger?" Dann will er es genau wissen: „Wo sind denn deine tausend Füße? Zeig sie doch mal!"

„Beine", sagt da Trippeltrappel. „Kurze, knubbelige Beine!"

„Also gut", beschwichtigt Conni, „nun laß aber endlich deine tausend Beine sehen!"

Da kommt Omas dicker Kater Moppel angewatschelt und faucht die sonderbare Kreatur im Laubhaufen an. Trippeltrappel aber wehrt sich: „He, du vollgefressene

Sofakatze, komm ja nicht auf die bösartige Idee, mich verspeisen zu wollen!“

Dabei wurstelt er sich aus dem gemütlichen Laubbett. Als Sebastian Trippeltrappels erstes Paar Beine zu sehen erhofft, ruft er entrüstet: „Das sind ja Arme! Mit Händen und Fingern dran!“

„Tja“, überlegt Conni, „womit soll er sonst essen? Oder spielen?“

„Oder in der Nase bohren, eh?“ unterbricht Trippeltrappel.

Endlich können die Kinder den wahnwitzigen Tausendfüßler in voller Länge bewundern. Er ist wirklich ein irrsinniger Typ. Bunt angezogen, ziemlich groß, wie

Moppel erschrocken bemerkt. Und er ist sehr niedlich. Die Kinder streicheln ihn. Das mag er sehr. Auf einmal meint Conni nachdenklich: „Du, das sind niemals tausend Beine!“

Sebastian kratzt sich am Kopf und grübelt: „Vielleicht ja doch...“

„Nie! Weißt du überhaupt, wieviel tausend ist?“ sagt Conni.

Er weiß es nicht, und Trippeltrappel guckt ein wenig schuldbewußt und zählt heimlich seine Beinchen. Die Kinder wollen schließlich Oma fragen. Überhaupt wollen sie ihr die tolle Entdeckung zeigen. Sebastian nimmt Trippeltrappel auf den Arm, und der wahnwit-

zige Tausendfüßler kuschelt sich sofort an ihn. Er ist nämlich sehr verschmust und auf Kinderarmen rundum glücklich. „Bis in die letzte Zehenspitze“, seufzt Trippeltrappel.

Conni und Sebastian gehen zu Oma, die gerade freundlich mit einem Kaninchen spricht. „Oma, guck mal, was wir gefunden haben!“

„Wo habt ihr diesen Vagabunden denn aufgestöbert?“ fragt Oma.

„Das ist kein Vagabund, das ist Trippeltrappel“, wollen Conni und Sebastian ihren lieben Freund verteidigen. Doch Oma winkt ab: „Ach was! Alle Tausendfüßler sind Vagabunden. Mal sind sie da, dann wieder plötzlich verschwunden, was weiß ich wohin...“

„Ist das wahr?“ fragt Conni Trippeltrappel besorgt und nimmt nun ihrerseits den drolligen Kerl auf den Arm.

„Trippeltrappel will immer bei euch bleiben“, säuselt da der Tausendfüßler und schmiegt sich an Connis Wange.

Mittlerweile ist Opa in den Garten gekommen, weil in der „blöden Glotze“, wie Oma über das Fernsehen lästert, nichts Vernünftiges flimmert. „Kein Fußball, keine Sesamstraße, keine Biene Maja...“ brummt er. Als er Trippeltrappel erblickt, lacht er. „Ich werd verrückt! Ein Tausendfüßler ohne Holzbein, hahaha!“

Einer von Opas Lieblingswitzen ist nämlich die Frage: „Was macht ein Tausendfüßler mit einem Holzbein?“ Und er erzählt Trippeltrappel auch gleich die Antwort: „Er macht 999mal ‚tripp' und einmal ‚trapp'!“

„Ziemlich albern", findet Trippeltrappel. Sebastian sagt zu Opa: „Außerdem hat er gar keine tausend Beine!"
Opa ist echt verblüfft, schielt über seine Brille und beginnt Trippeltrappels Beinchen zu zählen. „Wirklich unglaublich! Der Bursche hat nur siebenundzwanzig Beine! Das ist gar kein Tausendfüßler, sondern nur ein lausiger Siebenundzwanzigfüßler!"
Da fängt Trippeltrappel an zu schluchzen...
Oma rettet die Situation. Sie schnappt das heulende Kerlchen und sagt: „Egal ob Tausendfüßler oder Siebenundzwanzigfüßler, du bist sehr niedlich und kommst jetzt mit uns essen! Vagabunden haben immer Hunger, stimmt's?"
Im Haus wird Trippeltrappel Mama vorgestellt. „Ist der süß!" ruft sie begeistert.
Trippeltrappel jedoch schnuppert über Mamas Schulter hinweg und jubelt: „Spaghetti! Mein Lieblingsessen!" Es wird dann fast kompliziert mit dem wahnwitzigen Tausendfüßler. Er möchte nämlich siebenundzwanzig gleichlange Spaghetti. „Für jedes Beinchen eine Nudel!" bittet er. Dann berichtet er der staunenden Runde, wie das in seiner Heimat, in 1000-Füß-Leranien, so ist. Einem Tausendfüßler wächst dort jedes Jahr ein Bein,

abwechselnd auf der Trippelseite und auf der Trappelseite. „Wenn ich Geburtstag habe, bekomme ich auf der rechten, der Trappelseite, mein achtundzwanzigstes Beinchen. Da ist schon so ein Knubbel, der juckt..."
„Dann bist du schon so alt?" fragt Conni ein bißchen enttäuscht.
Trippeltrappel beruhigt die Kinder: „Als Tausendfüßler ist man mit siebenundzwanzig Jahren noch fast ein Baby..." Weiter berichtet er: „Unser größtes Problem sind Schuhe. Schuhe kaufen, flikken, anziehen, ausziehen, putzen. Stellt euch vor, alles bis zu tausendmal!"
„Gibt es überhaupt tausendbeinige Tausendfüßler?" fragt Mama. „Habe ich noch nicht vom gefährlichen Emmentaler Dreieck er-

zählt?“ fragt Trippeltrappel. „Das ist ein riesiges Gebirge aus Käse, durch das müssen wir uns hindurchbeißen. Manche schaffen es in wenigen Jahren. Andere verirren sich und nagen tausend Jahre lang Gänge durch den Käse. Das sind die echten Tausendfüßler: griesgrämige, lange, alte Kerle mit durchgelatschten Schuhen...“

„Ach, daher kommen also die Löcher im Schweizer Käse!“ meint Sebastian.

Als Papa nach Hause kommt, erschrickt er furchtbar, als er Trippeltrappel sieht. Der aber krabbelt einfach an ihm hoch, blinzelt treuherzig und fragt: „Liest du Conni, Sebastian und mir eine Gutenachtgeschichte vor?“

„Wo schläft dieser irre Geselle eigentlich?“ fragt Papa und erfährt, daß sich die Kinder auf Connis Puppenwagen geeinigt haben.

„Nachts schleiche ich sowieso durchs Haus und suche mir ein Kuschelplätzchen“, kichert Trippeltrappel. „Mal bei Oma, mal bei Opa, mal bei den Kindern, bei Mama, Papa und sogar beim fetten Sofamoppel!“

„Ich sag's ja: ein Vagabund!“ ist alles, was Oma einfällt. Als dann Trippeltrappel all seine kleinen Schuhe auszieht, ist die Familie zutiefst schockiert: Sämtliche Sohlen sind durchgelaufen, und so gut wie alle Socken haben Löcher! Oma weiß wieder einmal, was zu tun ist. Sie sagt: „Kein Problem! Auch kleine Vagabundenschuhe kann man flicken, und Socken strickt man. Es wird uns nicht langweilig werden!“

Und so ist die gesamte Familie damit beschäftigt, Trippeltrappel neu einzukleiden. Sebastian hilft Opa, die Schühchen und Stiefelchen zu flicken. Eine sehr fummelige Arbeit! Weil Opa so beschäftigt ist, meldet Trippeltrappel, was sich in der „blöden Glotze“ ereignet. Etwa: „Jetzt hat der HSV ein Tor geschossen, und die Bayern gucken blöd!“ oder „Jetzt hat Ernie vom Krümelmonster eins auf die Schnauze gekriegt!“

„Aber Trippeltrappel!“ ruft Oma dann und klappert aufgeregt mit den Stricknadeln. Zwanzig kunterbunte Ringelsocken hat sie bereits fertiggestrickt. Mit dem tollsten Ding sind Mama und Conni beschäftigt. Sie nähen eine richtige Tausendfüßlerhose. Trippeltrappel muß immer wieder zur Probe in die Hose steigen. „Vergeßt bloß Hosenbein Nummer achtundzwanzig nicht!" erinnert Papa besorgt.

Trippeltrappel ist über all der Fürsorglichkeit so gerührt, daß er schließlich ausruft: „Ich liebe euch! Wirklich! Und ich will immer bei euch bleiben! So wahr ich Trippeltrappel, der wahnwitzige Tausendfüßler, bin!"

Trippeltrappel und das Geburtstagsgeschenk

Trippeltrappel, der wahnwitzige Tausendfüßler, ist heute unruhig. Sicher, vor zwei Tagen hat er der gesamten Familie zugejubelt: „Ich liebe euch! Ich will immer bei euch bleiben!“ – Doch heute würde er am liebsten davoneilen, sogar durch das gefürchtete Emmentaler Dreieck würde er sich beißen, um ins ferne 1000-Füß-Leranien zu gelangen, die Heimat aller wahnwitzigen Tausendfüßler. So trippelt und trappelt er kreuz und quer durchs Haus und grübelt: „Ausgerechnet heute sind Conni und Sebastian mit Mama in die Stadt zum Einkaufen gefahren! Und Oma wühlt in ihrem Garten! Und Papa kommt sowieso erst abends müde von der Arbeit! Und Opa... Wo ist Opa?“

Trippeltrappel wuselt auf dem Treppengeländer ins Erdgeschoß, wo er die Fernsehübertragung eines Fußballspiels toben hört. Opa ist nämlich fernsehsüchtig. Doch Opa ist vor der geliebten Glotze eingenickt. Auf seinem Schoß liegt der dicke Kater Moppel und schlummert ebenfalls. Trippeltrappel aber steckt voller Übermut. Er versucht sich als Akrobat und schwingt an der Wohnzimmerlampe wie ein Trapezkünstler in der Zirkuskuppel hin und her. Immer tollkühner werden seine Späße, während Opa und Moppel vor der Flimmerkiste schlafen. Er versucht allerlei Verrenkungen. Dabei plappert er mit den selig Schlummernden und

macht dumme Sprüche: „Unten schläft der Sofa-Moppel mit seiner dicken Wampe, hier oben schwebt Trippeltrappel vergnügt an einer Lampe." Oder er brüllt „Tooor!"
Just in diesem Augenblick verliert der übermütige Tausendfüßler den Halt. Warum muß er auch versuchen, sich mit einem einzigen Beinchen am Lampentrapez festzuklammern! Einen großartigen Salto vollführt der verrückte kleine Kerl noch. Dann stürzt er mit einem lauten „Tooor!" auf Opa und Moppel. Trippeltrappel wird von Moppel wie von einem Trampolin in die Luft zurückgeschleudert. Dabei kommt sogar ein Salto rück-

wärts zustande. In seiner Angst fuchtelt der kleine Kerl mit seinen 27 Beinchen und seinen beiden Armen wild in der Luft herum.
Und tatsächlich, er erwischt die schwingende Deckenlampe von neuem. Dabei geht ihm durch den Kopf: „Da schafft man so eine zirkusreife Supernummer – und niemand schaut zu! Keiner wird mir das jemals glauben, niemand!" – Ja wirklich. Denn Moppel träumt so tief, daß er überhaupt nicht mitbekommt, wie ihn Trippeltrappel aus Versehen als Trampolin benutzt. Doch dann wacht er auf und maunzt in einer ganz scheußlichen Tonlage. Da schließlich

schaut auch Opa verwirrt durch seine Nickelbrille und ruft: „Donnerknüppel! Das darf Oma niemals erfahren, daß ich vor der Glotze eingeschlafen bin!"
Für Trippeltrappels Unruhe gibt es eine einfache Erklärung: Morgen hat er Geburtstag. Und wenn Tausendfüßler Geburtstag haben, wächst ihnen über Nacht ein neues Beinchen. Diese Stelle aber juckt und macht unruhig.
Endlich kommen Conni, Sebastian und Mama. Sogar Papa erscheint früher von der Arbeit.
„Was habt ihr denn eingekauft?" fragt der Tausendfüßler neugierig.
„Wird nicht verraten!" antworten die Kinder und tun geheimnisvoll. Dann bestürmen sie ihre Eltern: „Laßt uns heute nacht aufbleiben!"
„Wieso das denn?" brummt Papa. Opa kommt aufgeregt angewuselt und sagt: „Menschenskinder...! Natürlich bleiben wir auf und beobachten, wie Trippeltrappels achtundzwanzigstes Geburtstagsbeinchen sprießt, klar!"
Papa schüttelt nur noch den Kopf und murmelt etwas über ein total übergeschnapptes Haus. Erwartungsvoll versammelt sich dann die Familie im Wohnzimmer. Sogar Papa erscheint im Bademantel. Ungeduldig fragt er: „Vielleicht hilft es, wenn man da, wo das Bein wachsen soll, ein bißchen gießt?"
„So ein Quatsch!" sagt Oma und strickt am endgültig letzten Ringelsocken für Trippeltrappel. Der Tausendfüßler schreit mit einemmal: „Da! Da!" und zeigt aufgeregt auf seinen juckenden Knubbel, der sich ganz einfach mit einem leisen „Plopp!" streckt und nichts weiter ist als ein weiteres Tausend-

füßlerbeinchen... „War das alles?" fragt Conni enttäuscht.
„Was hast du erwartet?" will Sebastian wissen und sagt: „Also, ich finde es toll! Da kommt – schwuppdiwupp! – einfach so ein neues Beinchen..."
„Plopp und nicht schwuppdiwupp!" sagt Conni streitsüchtig.
Mama schlichtet: „Ob nun plopp oder schwuppdiwupp, ihr habt es erlebt. Und nun nichts wie ab ins Bett mit euch! Wir wollen morgen doch schön ausgeruht Trippeltrappels Geburtstag feiern, nicht wahr?"
Trippeltrappels Geburtstagsfeier beginnt damit, daß er alle 28 Kerzen der bunten Geburtstagstorte ausblasen muß. Er pustet und bläst und zischt und spuckt... Die Kerzen aber flackern nur. Sebastian hilft seinem Freund schließlich, und gemeinsam blasen sie die Kerzen aus. Dann erhält Trippeltrappel die Geschenke, von denen er bereits weiß: von Oma 28 Ringelsocken, von Opa einen schicken neuen Schuh, nachdem er die alten 27 alle geflickt hat; von Papa die flotte Mütze, und von Mama und Conni natürlich die Tausendfüßlerhose für kalte Tage.

„Schön ist sie ja", lobt Trippeltrappel, „aber wahnsinnig kompliziert, hineinzusteigen..."
Dann zeigt Sebastian auf ein ziemlich langes Paket und sagt: „Eine Überraschung von uns allen!"
Als Trippeltrappel in den Karton schaut, ruft er: „Das ist super! Das ist der absolute Wahnsinn!"
Der absolute Wahnsinn, den Trippeltrappel so begeistert feiert, ist ein Fahrrad. Nicht irgendein Puppenrad, auch kein zu klein geratener Zirkus-Drahtesel. Nein, ein echtes Tausendfüßler-Fahrrad, angepaßt für einen Achtundzwanzigfüßler. Und der fidele Krabbler erkennt sofort dessen Vorteile: „Für jeden Trippelfuß ein Pedal, für jeden Trappelfuß auch ein Pedal! Bremse funktioniert, die Klingel bimmelt, das ist einfach eine Wucht! Die tollste Geburtstagsüberraschung, die ich je erhalten habe, juchhu!"
„Das freut uns aber", sagt Mama gerührt.

Trippeltrappel jubelt weiter: „Ich danke euch! Ach, ich bin ja sooo ober-über-super-glücklich!“
Conni und Sebastian strahlen vor Freude über das Glück ihres Freundes. „Nun probier das Rad doch mal aus!“ ruft Sebastian. „Am besten im Garten, da tut es nicht so weh, wenn du mal hinfällst.“

„Hinfallen? Daß ich nicht kichere!“ ruft Trippeltrappel angeberisch.
Papa ermuntert ihn: „Na, dann sitz mal auf!“
Der wahnwitzige Tausendfüßler versucht also, das wunderliche Fahrzeug zu besteigen. So einfach ist es aber doch nicht, denn ab und zu streiten sich zwei Füße um das-

selbe Pedal, während weiter hinten ein Pedal leer bleibt.
„Nein, nein, nein!“ sagt Oma. „So nicht! Immer der Reihe nach, von vorne nach hinten! Zuerst alle Trappelfüße auf die Pedale!“
Geduldig dirigiert Oma Trippeltrappels Füße. „Und nun die andere Seite!“ kommandiert Oma.

„Aber mindestens zwei oder drei muß er zum Abstützen auf dem Boden lassen“, meint Conni besorgt. Endlich schafft es Trippeltrappel, auf das Pedal-Durcheinander zu steigen. „Klingeling!“ macht die Klingel, und der wahnwitzige Tausendfüßler strampelt los, immer geradeaus, stur wie ein Panzer.

Moppel, der ein wenig herumstreunt, sieht ein furchterregendes Ungeheuer auf sich zu rasen. Das wird doch nicht Trippeltrappel sein? Nein! Das Monster strampelt und klingelt und zappelt so schnell wie tausend Tausendfüßler! Es ist der gemeine knickbeinige Katzenschreck! Moppel reißt vor Angst die Augen weit wie Autoscheinwerfer auf. Das hält den rasenden Trippeltrappel nicht von seinem Geradeauskurs ab. Die Kinder schreien: „Vorsicht!" Trippeltrappel schreit: „Aus dem Weg, du fette Sofakatze! Ich kann nämlich nicht lenken!"

Moppel aber miaut vor Entsetzen und springt mit einem Satz auf den nächsten Baum. Einfach so, als sei dies eine der leichtesten Übungen. Normalerweise schafft Moppel eben noch den Sprung aufs Sofa. Jetzt hockt er maunzend und mit gesträubtem Fell katzbuckelnd auf einem Apfelbaum. Gerade zeitig genug, um den gemeinen knickbeinigen Katzenschreck mit lautem Aufschrei gegen den Baum rumsen zu sehen. Alle eilen zum Apfelbaum. Conni heult vor Schreck. Sebastian würde am liebsten so fluchen wie Opa. Der aber blödelt: „Potzblitz, das ist der beste Witz des Jahres!"

„Wieso Witz?" fragt Oma und schaut Opa streng an.

„Na guck doch, dein fetter Moppel will Äpfel pflücken!"

Da bleiben alle mit offenem Mund staunend stehen: Moppel auf einem Baum, unglaublich! Nicht zu fassen! – Und Trippeltrappel? Der wahnwitzige Kerl rappelt sich bereits aus Omas Blumenpracht hoch. „Hast du dir weh getan?" schluchzt Conni.

Trippeltrappel jedoch, leicht zerzaust, grinst vergnügt und prahlt: „Ist ein prima Fahrrad! Der Lenker kaum verbogen, na ja, aber wenn ich diese alberne Lenkerei erst richtig begriffen habe, dann – dann..."

„Was dann?" fragen Conni und Sebastian gespannt.

„Dann", verspricht der drollige Krabbler, „machen wir einen Ausflug nach 1000-Füß-Leranien, so wahr ich Trippeltrappel, der wahnwitzige Tausendfüßler, bin!"

Muck, der Wichtel, beim Wichtelkönig

Muck fragt seine Eltern
bang:
„Was ziehe ich denn heute
an?

Ich kleide mich besonders
fein,
das wird doch sicher
richtig sein!“

Erwartungsvoll und
aufgeregt
machen sie sich
auf den Weg.

Allen ist es längst bekannt
im Märchenwald,
im Wichtelland:
Der Wichtelkönig gibt
ein Fest,
zu dem er herzlich
bitten läßt!

Die Freunde winken noch
ein wenig:
„Viel Spaß bei eurem
Wichtelkönig!“

So kommen sie von weit
und breit,
allein, in Gruppen
und zu zweit.

Dem Wichtelvolk ist
anzusehn,
wie gerne sie zum König
gehn.

Muck, der Wichtel, sieht mit
Freude
viele, viele Wichtelleute.
Jeder Wichtel aus der
Stadt
eine grüne Mütze hat.

Andre Mützen, die sind
braun,
er beginnt sich
umzuschaun.

Da sieht er den König
stehn –
mit gelber Mütze,
wunderschön.

Die Wiedersehensfreud' ist
groß,
die Wichtel lassen sich
nicht los.

Sie herzen und sie küssen
sich,
sie schütteln und sie
drücken sich.

Was kann es Herrlicheres
geben
in eines jeden Wichtels
Leben,
als daß im Wichtelvolk
vereint,
vor seinem König er
erscheint?

Der König mit dem langen Bart
ist von bemerkenswerter Art.
Klug regiert er mit Erfolg
jahrzehntelang sein Wichtelvolk.

Die Königin steht ihm zur Seite
und auch die Kinder, alle beide.
Heidelinde und Kathrein
heißen seine Töchterlein.

Jeder Wichtel wird gezählt,
damit auch wirklich keiner
fehlt.
Mit Muck, der ja jetzt auch
dabei,
sind es genau 303.

Heidelinde und Kathrein
laden ihn zum Spielen ein.
Mucks kleines
Wichtelherzchen bebt,
nein, das hat er noch nie
erlebt!

Wichtelleute feiern gern –
erst recht beim König,
ihrem Herrn!
Schon am Tag und dann
bei Nacht
wird getrunken und gelacht.

Sie naschen von den
feinsten Dingen –
lassen sich viel mehr noch
bringen.
Es ist ein richtiges
Gelage.

Ja, das gibt's nicht alle
Tage!
Der Wichtelkönig hebt die
Hand:

„Ihr Wichtel aus dem
ganzen Land,
haltet zusammen alle Zeit,
seid tierlieb –
immer hilfsbereit,
auf eure Tarnkappe
gebt acht,
wer unsichtbar ist,
hat viel Macht!

Nur wer zufrieden leben
kann,
der ist ein echter
Wichtelmann!"

In des Vollmonds
Silberglanz
eilen sie zum Wichteltanz.
Keiner darf jetzt locker
lassen,
wenn sie sich am Daumen
fassen.

Manchmal tanzen sie
zu dritt,
hüpfend, springend –
Schritt für Schritt.

Schließlich beugen sie
die Knie –
mit den Äuglein
zwinkern sie.

Zum Abschied ruft der
König heiter:
„Mein Wichtelvolk –
leb friedlich weiter!
Ich sehe euch
nur ungern gehn,
lebt wohl, ade, auf
Wiedersehn!"

Die Wichtel ziehen
wieder fort,
zurück an ihren
Heimatort.

Muck und Eltern wandern
bald
in den geliebten
Märchenwald.